マネジメントスキル 実践講座

部下を育て、業績を高める

Okubo Yukio
大久保幸夫

Practical Course of Management Skill

経団連出版

まえがき

この本を管理職として働くすべての人にお届けしたいと思います。

ありそうでなかった、マネジメントスキルについて体系的に書いた実践書です。部下が多様化するダイバーシティ経営の時代、仕事の成果だけでなく労働時間という効率も求められる時代のマネジメントを念頭に書きました。

著者である私（大久保幸夫）はもともと職業能力についての研究を専門にしています。リクルートにリクルートワークス研究所という、人と組織の研究所を立ち上げ、これまで20年間にわたり、人事、キャリア、労働政策という３つの視点から研究を行ってきました。

その中で私なりにいくつかの信念が生まれました。

一つは、一人ひとりがいきいきと働くことができる社会をつくりたいという思いです。長い職業人生です。長い時間を、働きがいをもって過ごすには、個性を活かして活躍できるような社会構造、組織風土が必要です。いきいきと働くことができる条件には個人差があるので、これは簡単なことではありません。

二つには、ミドルを元気にしたいという思いです。日本の高度経済成長を支えてきたのは明らかにミドルでした。ミドルが連結ピンとなって上と下、右と左、内と外をつないで、力強く業績を推進してきたのです。しかしながらいつの間にかミドル層に元気がなくなってしまったように見えます。過重負荷に押しつぶされて、疲れているように見えます。ミドルをエンパワーすることができないだろうかと考え続けてきました。

三つには、プロフェッショナルが活躍する社会をつくりたいという思いです。専門的な知識や技術を持ってプロとして活躍する中で、プロフェッショナリズムという職業意識が芽生えてきます。とても素晴らしいことで、日本をプロが溢れる社会にしたいと思うようになりました。

四つには、自分のキャリアに対してオーナーシップを持てるようにしたいという思いです。自分のことは自分で決めるという気持ちが大切です。残念ながら日本では自らのキャリアを企業任せにしてしまっている人が多いようです。これをぜひ変えたいと思っています。

五つには、ワークライフに関するたくさんの悩みを抱えている人を救いたいという思いです。明るく振る舞っている人でも、心の中には不安や困難を抱えているものです。取り除けるものであれば、取り除いてあげたい。毎日の仕事と生活を楽しいと感じられる人を増やしたいと考えました。

そして20年間に蓄積してきたこれらの思いを実現する一石二鳥（五鳥？）となる方法が「マネジメントの進化」ではないかと考えたのです。

マネジメントという仕事をやりたくないという若い世代や女性はとても多いようです。なぜこれほどにマネジメントという仕事は嫌われてしまったのでしょうか？

「上と下の板挟みでたいへんそう。いつも忙しそう」。そのような観察の結果もあるでしょう。

いちばん大きなポイントはマネジャーがマネジメントを楽しんでいないからではないかと思うのです。うまくできないことは楽しくありません。そしてよく見ると、マネジメントを学ぶ機会というのは意外とないことがわかります。見よう見まねで試行錯誤しながらなんとかやっているのでしょう。

ここ数年、ご縁があって、いくつかの民間企業や行政組織からマネジメント研修の講師を頼まれることが増えました。そこで改めてマネジメントというものを正面からとらえて整理してみることにしました。

本書のもとになっているのは、

- マネジメントに関する先行研究や著名人の残した言葉
- 私やリクルートワークス研究所が調査・研究した成果
- 私自身の30年間のマネジメント経験
- 研修や相談等を通じてヒアリングしたマネジャーの悩み

などです。

そして、そこに次のような願いを込めました。

- マネジャーの皆さんにいきいきと働いてほしい
- 会社を動かす強いミドルになってほしい
- プロのマネジャーになってほしい
- マネジャー昇進をキャリアトランジションとして成長の機会にしてほしい
- 部下の悩みを受け止めて支援できる人になってほしい
- すべての人にいきいきと働いてほしい

これらの願いとともに、本書をお手元にお届けできればと思います。

2020年吉日
大久保 幸夫

目次

図表一覧

表紙カバーデザイン——竹内雄二

第1章

「マネジメントを学ぶ」ということ

本書はマネジメントの「スキル」について考えるための本です。
具体的にどのようなマネジメントを展開すれば期待する成果が上がるのかを見ていきますが、まず第１章では、マネジメントという仕事はどのようなことをするのか、なぜ大事なのかを整理しておきたいと思います。ウォーミング・アップとしてお読みください。

1. マネジメントの仕事とは

マネジメントとは何でしょうか？

マネジメントとはどのような仕事でしょうか？

このような哲学的な問いに答えることはとても難しいことです。当然ながらひとつの正解があるというようなものではありません。それでも「自分に合ったひとつの答えを心の中に持っておく」ことは、マネジメントの職に就く者にとって、とても大事なことであろうと思います。マネジメントには、喜びを感じる瞬間も、辛く感じる瞬間もあります。いくつもの経験を乗り越えながら、長い時間をかけて熟成していく仕事です。それだけに、自分なりの「マネジメント観」というものがあることが大きな支えになると思います。

⑴ 他者を通じて業績を上げる

私がもっとも大事にしている答えのひとつは「他者を通じて業績を上げる」ということです。これは、マネジャー以前と、マネジャー以降を明確に分ける概念です。

マネジャーに昇進したときに、親戚・友人が集まって盛大なお祝いをする国があると聞いたことがあります。それだけ大きな変化であり、喜ばしい変化だということです。

人に使われる立場から、人を使う立場に変わった。

とても大きな違いだと思いませんか？

他者を通じて業績を上げるためには、それ以前の、自分自身で業績を上げていたときには正しかった行動が、ときに正しくなくなることを意味します。マネジャー以前と同じように仕事をしていたのでは、思うような業績は上がらないのです。

なぜならば、自分自身で業績を上げることと、他者を通じて業績を上げるのとでは、必要となる専門性もスタンスも全く異なるからです。プレイヤーに求められる専門性は、担当業務に対する知識や技術です。それに対して、マネジャーに求められるものは何よりもマネジメントスキルという専門性です。さらに自分に光を当てるのではなく、他者に光を当てるのですから、価値観も違います。この変化に適応することを求められるのです。

◆人に仕事を任せる―マネジャーの仕事の進め方

この変化は、人に仕事を委ねることが不得手だという人にとっては特に大きな変化でしょう。試練と言ってもいいかもしれません。

若い頃から、たとえば学生時代から人に仕事を振ることが得意な人もいます。あなたの周りにもいたのではないでしょうか。部活動などで、ポンポンと仕事を振り分けて、自分自身は余裕綽々で涼しい顔をしている人が。それでも人に嫌われることなく、周囲もそれを受け入れているような人です。

もともとのパーソナリティで自然にそれができる人もいますが、そうでないならば、マネジャーになったことをきっかけに委任習慣を身に付けなければなりません。

人に仕事を任せる。こんな簡単なはずのことが、なぜ難しいのでしょうか？

「頼んだときに、相手がちょっと嫌な顔をすることが容易に想像されてしまうから」

―そう、やさしいあなたは誰かが不快な顔をするところを見たくないのです

「自分でやったほうが早いから」

―そう、優秀なあなたは、人に説明する時間を考えたら、すべて自分でやってしまったほうが、結果的に早く終わり、生産性が高いのです

「自分がすべてを請け負ってやり切れるならばそれでもいいから」

―そう、結果うまくいくならば、苦労は自分自身で背負っても構わないという広い心を持っているのです

「細かいところが気になってしまうから」

―そう、仕事熱心なあなたは自分自身が関与することでもっとよくなると思える部分があればそうしたいし、何よりも仕事が好きなのです

「だから人に仕事を任せることには慣れていない」

—よくわかります。無理もありません

しかし、それはマネジャーの仕事のやり方ではないのです。

会社は、マネジャーであるあなたに、今までよりももっと大きな仕事をしてほしいと思っています。仕事ができるあなたに、高い人事考課で報いるだけでなく、マネジャーという立場を与えたのは、ひと皮むけて、もっと大きな仕事ができる人に成長してほしいと願うからです。

他者の力を使うからこそ、大きな仕事ができます。いくら優れた能力があったとしても、ひとりでできることには限界があります。会社に所属するということは、他者の力を借りて、大きな仕事をするためなのです。

では、どうしたら、他者を通じて業績を上げるスタイルへ転換できるのでしょうか。

ポイントは２つあります。

ひとつは強い決意です。マネジャーになったその日から、あなたは仕事のコーディネーターになったということを自覚して、メンバー一人ひとりに最高の仕事をさせることが自分の仕事なのだと認識して、そうすることを決意してください。そのことを忘れないように、パソコンの画面に貼っておくくらいでいいと思います。

ふたつは練習です。他者に仕事を任せる練習を繰り返しすることです。そのためのいい方法は「自分が得意なことを他者に任せる」ことでしょう。

「え？　苦手なことを人に任せるのでは？」と思ったかもしれません。苦手なことはできないので、人に頼るのはむしろ必然です。そうではなく、あえて得意なことを人に任せるから練習になるのです。

得意なのだから、うまく説明することもできるでしょう。仮にいい成果が上がってこなくて、もう時間がないというときでも、得意なのですから、いざとなったら帳尻を合わせることもできるでしょう。自分が抱え込んでいたものを人に任せることで、自分の時間ができるというメリットもあります。

障害となることはひとつだけで、「自分でやったほうが早い」という悪魔の声です。その声を振り切って、前へ進めるかということです。

自分で業績を上げることから、他者を通じて業績を上げるスタイルへの転換。この劇的な変化を楽しんでください。

(2) 短期業績と中長期業績をバランスさせる

マネジャーの仕事は、当然ながら組織業績を上げることです。そのとき、組織業績というものをどのように理解するかがポイントになります。わかりやすいのは、当該期間に設定された目標を達成させることでしょう。

目標には定量的なものもあれば、定性的なものもありますが、達成させればそのまま業績として人事考課に反映されて、評価されるものです。わかりやすい例では、営業部門が売り上げ目標を達成させるというようなものです。マネジャーはチームメンバーの力を最大限に活かして、目標達成へと導いてゆくのです。

しかし、これは短期業績です。短期業績だけが業績だと思ってしまうと、マネジメントの方向を誤ってしまいます。

> 利益の最大化のみを目的化する企業は、短期的視点からのみマネジメントされるようになる。その結果、企業がもつ富の増殖機能は破壊されないまでも、大きく傷つく。結局は業績が悪化していく。しかもかなり速く悪化していく。
> （P.F.ドラッカー著、上田惇生訳『ポスト資本主義社会』ダイヤモンド社）

ドラッカーも書いているように、企業経営においては短期業績ばかりを追いかけていると結局業績は悪化してしまうのです。これはひとつの部や課という組織においても同じことが言えます。

もう一度営業部門の事例でお話しするならば、当該期の売り上げ目標を達成したとしても、顧客企業もまた発展するような取引でなければ、顧客が細っていってしまい、次第に取引額は減ってしまうでしょう。現在の顧客から売り上げを上げることばかりに力を入れて、新規顧客の開拓に力を入れていない場合も中長期的に売り上げは低下します。

つまりマネジャーは当該期の売り上げ目標を追いかけながらも、先々の「仕込み」もしておかなければならないのです。

人事異動で新しい部課を受け持ったら、前任のマネジャーが短期業績ばかりを追い求める「焼き畑農業」のような仕事をしていて、引き継いでから困ってしまったというような経験をした人もいるのではないでしょうか。顧客からのクレームに対応して、謝罪してまわることが初仕事だったというのでは、組織の中長期的発展は見込めません。

マネジャーは短期業績だけでなく、中長期業績につながる仕事も、同時にしておかなければならないのです。

中長期業績を上げるためには、次の２つも必要です。

ひとつは人材育成です。人材育成は業績を上げることの「ほかに」あるわけではありません。業績を上げることの「一部」なのです。部下を指導して、スキルを上げさせることができれば、より大きな業績を上げてくれるようになるでしょう。単純に部下のためにやっているのではなく、次なる業績のための仕込みの一種と考えてもいいと思います。

もうひとつはイノベーションです。イノベーションには０から１を生み出すような破壊的・革新的なイノベーションばかりでなく、日常業務を行いながら取り組める改善型のイノベーションもあります。仕事の進め方を効率化するためにやり方を変えるとか、コストを下げるために仕入れを変えるとか、商品・サービスを磨き込むとか、１を２や３にする取り組みです。今期には業績反映されないかもしれませんが、イノベーティブな取り組みは、先々の期の業績を高める準備となるのです。

一般的に、短期業績のほうがわかりやすく、評価されやすいので、ついついそちらにフォーカスしてしまい、中長期業績の仕込みを忘れてしまいがちだと思います。しかし、マネジャーの仕事は、あくまでも短期業績と中長期業績をバランスよく追い求めることだということを忘れないでください。

(3) マネジャーの役割

マネジャーの役割ということについては、著名な研究者の言葉や、経済界のメッセージの中に考えるヒントとなるものがあります。いくつか見ておきましょう。

◆ドラッカー［マネジメントの3つの役割］

経営学の泰斗であるお馴染みのドラッカーは、マネジメントについて、異質な3つの役割があると指摘しています。

> 第一に、企業、病院、大学のいずれであれ、自らの組織に特有の目的と使命を果たす。
> 第二に、仕事を生産的なものにして働く人たちに成果を上げさせる。
> 第三に、自らが社会に与える影響を処理するとともに、社会の問題解決に貢献する。
> （P.F.ドラッカー著、上田惇生訳『マネジメント（エッセンシャル版）―基本と原則』ダイヤモンド社）

味わい深い言葉ですね。第一が組織、第二が人、第三が社会について触れているということにお気づきでしょうか。

3つは異質なものですが、どれが欠けてもうまくいかないのです。

企業は自らの成すべきことを認識する。個人は自らの活躍によって成果を上げる。その結果として社会問題が解決して、企業や個人の社会貢献が完結する。この一貫したストーリーを実現することがマネジャーの役割なのだと言っているように思います。

社会の問題解決ということに触れているのも、先見性があるドラッカーらしいですね。

日本企業は現在、競ってSDGs（持続可能な開発目標）に取り組んでいます。SDGsとは、2015年9月の国連サミットで採択された「持続可能な開発のための2030アジェンダ」にて記載された2016年から2030年までの国際目標のことです。持続可能な世界を実現するための17のゴール・169のターゲットから構成されていて、各社ともに事業やCSRを考える際に、いかにSDGsと結び付けて歩みを進めるか、社会課題の解決に貢献するかを考えています。ドラッカーがマネジャーの役割と規定した第三の項目は、それを先取りしたものと言えるでしょう。

◆ミンツバーグ［マネジャーの役割10］

マネジメントの研究者として世界的に知られるミンツバーグは、マネジャーの役割を10項目に整理しています。これはミンツバーグ自身が実際の経営者の日常に密着して、観察することで得られた情報を分析したもので、スタンダードな定義として、多くの場面で現在も活用されているものです。

『マネジャーの仕事』はこの分野の必読書であり、経営学の研究者のみならず、多くの経営者やミドルマネジャーに読み継がれている名著と言っていいでしょう。

(対人関係の役割)

① フィギュアヘッド

象徴的な長；法的、社会的性質をもった多数のルーチン責務を遂行する責任がある

② リーダー

部下の動機付けと活性化に責任がある；人員配置、訓練および関連責務への責任

③ リエゾン

好意的支援や情報を提供してくれる外部との接触や情報通からなる自分で開拓したネットワークを維持する

(情報関係の役割)

④ モニター

組織と環境を徹底的に理解するため広範な専門情報（ほとんどが最新のもの）を探索・受信；組織内外の情報の神経中枢になる

⑤ 周知伝達役

外部や部下から受信した情報を自分の組織のメンバーに伝える；事実情報もあり、解釈が入り組織の有力者がもつ多様な価値付けを統合した情報もある

⑥ スポークスマン

組織の計画、方針、措置、結果などについて情報を外部の人に伝える；組織に関する外部の情報に関して専門家の役割をする

(意思決定の役割)

⑦ 企業家

組織と環境に機会を求め変革をもたらす「改善計画」を始動させる；特定プロジェクトのデザインも監督する

⑧　障害処理者
組織が重要で予期せざる困難にぶつかったとき是正措置をとる責任
⑨　資源配分者
実質的に、組織のすべての重要な決定を下したり、承認したりすることによる、あらゆる種類の組織資源の配分に責任がある
⑩　交渉者
主要な交渉にあたって組織を代表する責任
（H.ミンツバーグ著、奥村哲史、須貝栄訳『マネジャーの仕事』白桃書房）

ミンツバーグは、10の役割はゲシュタルト、つまり統合化され、ひとつの全体を形成しているとしています。ゲシュタルトとはドイツ語で、部分の総和としてとらえられない合体構造に備わっている、特有の全体的構造を指す言葉です。マネジャーの役割は10の要素で記述されるけれども、マネジャーの役割はそれらの単なる足し算ではなく、ひとりが担うことでマネジャーという特有の役割を作り出しているということでしょう。

ただしミンツバーグが観察したのはミドルマネジャーではなく、トップ・マネジメントです。そこでミドルマネジャーの、かつ日本の、役割定義も見ておきましょう。

◆経団連［ミドルマネジャーに求められる４つの基本的役割］

経団連は、ミドルマネジャーに求められる基本的役割として、マネジャーの仕事を４つの視点から整理しています（**図表1-1**）。「平たく言えば、部下を監督し、組織目標の達成に向けて責任をもつ存在」としたうえで、「情報関係」「業務遂行関係」「対人関係」「コンプライアンス関係」の側面から明確に定義しています。

日本の現状を踏まえて、対象をミドルマネジャーと特定してまとめたものなので、とても実感に近い整理になっていると思います。

少し補足をしますと、情報関係はいわゆる「連結ピン」という役割について語っている部分になります。連結ピンとは、アメリカの組織心理学者R.リッカートが提唱した、人と組織を結び付ける機能に関する概念です。

図表1-1　ミドルマネジャーに求められる基本的役割

(1)　情報関係

◆社内外の情報収集および周辺状況の分析

◆必要な情報の経営トップへの伝達

◆経営トップのメッセージを咀嚼し現場に浸透

◆自らのチームが目指すべき方向性の明示

◆海外も含めたグループ企業や関係部署との折衝および情報共有

◆社内外（他部署や取引先、顧客など）からの要請や問い合わせへの対応

(2)　業務遂行関係

◆日常業務の処理や課題解決
　➢課題解決に向けたPDCAを回す
　➢自らもプレイヤーとなり仕事の成果を上げる

◆新規事業やプロジェクトの推進、イノベーションの創出
　➢経営環境の変化を的確にとらえた状況判断
　➢新しいビジネスモデルや商品・サービスの企画立案

◆経営のグローバル化への対応
　➢海外におけるマーケティング、現地の消費者にとって魅力のある製品・サービスの提供、海外のパートナー企業との綿密な連携　等

(3)　対人関係

◆部下一人ひとりの性格や長所・短所を踏まえた指導・育成

◆仕事に対する動機付け

◆部下が協働し合うような職場づくり

◆人間関係上のトラブルの早期発見と早期解決

◆社外の関係者との連携強化や人脈づくり

(4)　コンプライアンス関係

◆個人情報の適切な管理

◆内部統制や機密情報の漏洩対策

◆適切な労働時間管理

◆労働関連法規の遵守

◆業務にかかわる法律や実務上の留意点の理解促進および法制度改正などを見据えた事前準備

出所：経団連「ミドルマネジャーをめぐる現状課題と求められる対応」2012年

人と人、人と組織、組織と組織、といったグループを結び付ける能力は、役職が上になればなるほど必要不可欠になるものです。経営の情報と現場の情報をつなぐことや、縦割りになっている組織の情報を横につなぐことなどがそれにあたります。

経営幹部の一員としてフォロワーシップを発揮し、部下に対してはリーダーシップを発揮し、他部署のリーダーとの間ではパートナーシップを発揮するというイメージです。

業務遂行の中心となるのは、日常業務のPDCAサイクルをしっかりとまわすということです。経団連のレポートでは「自らの部署の目標設定や達成状況の確認、業務効率化の推進、必要に応じた作業方法の見直し」などをあげています。これはマネジャーの役割の原点であり、これができていないと、他のことがいくらできていても高い評価は得られないでしょう。

対人関係は、競争力の源泉が人材であるということからして、とても重要な役割です。組織のダイバーシティ化が進む中でより重要度が上がってきていると言えるでしょう。本書でも対人関係についての内容にかなりウェイトを置いています。

コンプライアンスは、時代の変化につれて、柱のひとつに浮上してきた役割です。ひとつのコンプライアンス違反が、企業の存続を左右することにもなりかねません。特にハラスメントなどは、マネジャー自身が起点となって発生させてしまう危険があるもので、注意が必要です。

ここまで、いくつかの定義を確認してもらいました。正解はひとつではありませんので、それぞれ味わっていただければよいと思います。

2. マネジメント環境の変化

マネジメントという仕事に思いをはせるときに、この20年ほどの間に起こった大きな組織構造の変化を考えないわけにはいきません。確認しておきましょう。

(1) 管理職の減少

管理職として働く人の数が減少傾向にあるということは大きな変化でしょう。国勢調査の結果によると、就業者に占める管理的職業従事者[*1]の割合は、1980年の7.0%をピークに減少をはじめ、2010年には3.6%まで低下しています。その後2015年に4.0%に回復したものの、3%も低下しているのですから、かなりの激変です。それを年齢階層別に見たものが、**図表1-2**です。

40代から50代にかけての管理職比率が大きく落ち込んでいることがわかると思います。

私が社会に出た頃は、継続して働いていれば課長くらいまではだいたいなれる、ということが常識だったように思いますが、もはやそういう環境ではないようです。

最大の理由は、年齢構造の変化によるポスト不足でしょう。

ミドル・シニア社員の割合が増加して、ジュニア層が減少した結果、若い年齢層が多いピラミッド型やつりがね型の組織構造を持つ会社は東証一部上場企業の15%ほどになりました。ひょうたん型や星型という中膨れの組織構造の会社が67%ほどを占めるようになったのです[*2]。その結果、ポスト争いが激しくなり、ポスト不足によって管理職比率が低下することになりました。

そのほかにも、IT化によって単純な管理業務がテクノロジーに代替され

---

1 日本標準職業分類の定義による。「事業経営方針の決定・経営方針に基づく執行計画の樹立・作業の監督・統制など、経営体の全般又は課（課相当を含む）以上の内部組織の経営・管理に従事するものをいう。国・地方公共団体の各機関の公選された公務員も含まれる」

2 リクルートワークス研究所「人材マネジメント調査」2017年

図表1-2　年齢別管理職割合の変化（男性）

(%)

	30代前半	30代後半	40代前半	40代後半	50代前半	50代後半	60代前半	60代後半
1995	1.8	3.5	5.7	8.5	11.1	11.8	11.3	10.8
2015	0.8	1.5	2.4	3.4	5.0	6.8	7.2	8.9

出所：国勢調査

たこと、繰り返し行われたリストラにおいて管理職層がその対象になったことなどが理由としてあげられるでしょう。

その結果誰もが管理職になるという時代が終わりを告げました。

管理職は、昇格した結果として必然的になるものから、キャリアパスのひとつとして意思を持ってなるものに変化してきたということかもしれません。

⑵　プレイングマネジャー化

1980年代までは、管理職は、マネジメントに特化したいわゆる専任管理職の割合が高かったように思います。

その後管理職のプレイングマネジャー化が着実に進み、現在では、専任管理職（全くプレイング業務を行っていないという人）は12.7%にすぎません。その他はプレイングマネジャーということで、プレイヤーの要素とマネジャーの要素をあわせ持った形態になっています。

プレイング比率で見ると以下のような分布になっています（リクルートワークス研究所「マネジメント行動に関する調査」2019年）。

0％	20％未満	20％以上 50％未満	50％以上 80％未満	80％以上
12.7％	19.3％	37.0％	24.4％	6.6％

プレイングマネジャー化が進んだことに対しては、批判的な意見もあります。それは、マネジャー以前とマネジャー以降で大きな変化がなく、「他者を通じて業績を上げる」という切り替えができにくくなったのではないかということです。

すでに述べたように、自分で業績を上げることと、他者を通じて業績を上げることとでは、大きな違いがあります。マネジメントに苦手意識がある人は、プレイヤーとしての業績を上げることで組織業績の不足分を補填しようとしがちです。そうするとよりプレイングに時間を取られることになって、さらに「他者を通じて業績を上げる」ことが疎かになってしまいます。その結果、いつまでたってもプレイヤーから脱皮できなくなってしまうのです。

プレイングマネジャーになった当初は、マネジャー昇進の高揚感もあって、成長実感がありますが、４〜５年もすると、プレイヤーから脱皮できていないのですから、閉塞感を感じるようになり、成長も踊り場にさしかかってしまいます。

つまりプレイングマネジャー化はミドル期の成長を阻害してしまうという危険があるのです。マネジャー昇進という機会が、本来は最高のトランジション（キャリアの節目）になるはずが、そうならないということです。

一方で、これほどまでにプレイングマネジャー化が進んだ事実には、合理性もあります。

ひとつは業務の高度化です。

知識や技術は日進月歩で、グローバル競争も激しくなり、長い経験と熟達が必要になってきました。そうでない仕事はテクノロジーに代替され、臨時の労働力に任されるようになり、残された仕事は「難しい」仕事になったのです。マネジャー昇進とともに実務から離れてしまうのでは、そのような高度プレイヤーが担うべき業務を担当する人がいなくなってしまいます。

マネジメントを担当する専任管理職と専門職となっていく人に分化していく方法もありますが、日本ではプレイングマネジャー化の道を選択することで高度化に対応する企業が多かったということです。

もうひとつは、プレイング要素を持つことが、マネジメントの質を高めることになるという考え方です。

ミンツバーグは「マネジャーが現場に出て行って、そこでなにが起きているのかを把握しなければならない。そのために合理的な方法の一つは、実際にプロジェクトに加わることだ」「周囲に自分の行動を見せること、つまりほかのメンバーに行動のお手本を示すことが目的の場合もあるだろう」として、マネジャーがプレイング業務を行うことを肯定しています。

ドラッカーは「マネジャーは単なる調整者ではなく、自らも仕事をするプレイングマネジャーでなければならない」として、より積極的にプレイングマネジャーを肯定しています。

たしかに、マネジャーが期待される役割を果たすためには、プレイングの場を持っていたほうがいいのでしょう。総じて言えば、プレイングマネジャー化は、悪いことではないと私も考えています。

ちなみに、自分がプレイング業務をするか否かは、自分自身で決めたという人が多いようです。調査によれば、62％が自分で決めた、と回答していて[*3]、専任型になって他者を通じて業績を上げることに専念することも選択可能だったけれども、あえてプレイング型を選んだということのようです。

◆良いプレイングマネジャーの条件

それでは、良いプレイングマネジャーになるためには、どのようなポイントをクリアすればよいかを考えてみましょう。３つの条件があると私は考えています。

3　前出「マネジメント行動に関する調査」。会社側が決めたという人は16％、どちらともいえないが22％となっている

①プレイングマネジャーというものに対する正しい理解
②プレイング比率
③プレイング内容

それでは解説しましょう。①は、プレイングマネジャーを誤解しないということです。

プレイングマネジャー＝プレイヤー＋マネジャー

だと思っていないでしょうか？　そうではなくて、

プレイングマネジャー＝（プレイング）マネジャー

なのです。あくまでもマネジメントスタイルの一形態だと考えないと、マネジャーになったのにもかかわらず、これまでと大差ない仕事ぶりになり、いずれ成長が止まってしまうことになります。

②は実際に統計により検証してみると、チーム成果下位群のマネジャーの約半数は、プレイング業務比率が50％以上であるということがわかります[*4]。逆に上位群を見ると、プレイング業務比率が50％未満である人が多いのです。

マネジャーですから、仕事の過半はあくまでもマネジメントであるべきということでしょう。プレイング比率を上げすぎると、マネジメントが疎かになり、チームの業績も上がらないということをデータは示しているのだと思います。

そして③については、どのようなときにプレイングをするかによって、チーム業績が変わるという話です。部下でも実行可能な業務をマネジャーがやっている場合や、自己完結する業務をマネジャーがやっている場合は、業績に良い影響を与えません。

これまでとは異なるやり方を求められる業務や、他者・他部署との連携が必要な業務、自分にしかできない高度な業務をやることは業績に良い影響を与えます。

ぜひ、以上の３条件を頭に入れておいてください。

4　リクルートワークス研究所「プレイングマネジャーの時代」2019年

(3) マネジャーの負荷拡大

もうひとつの大きな変化は、負荷拡大です。マネジャーに期待される仕事が単純に増えたということです。

2008年に「ミドルマネジャー育成の課題と展望[*5]」という論文をまとめましたが、そのときに調査も行いました。その時点で、ミドルマネジャーから見て、自分の上司の時代にはマネジャーの仕事ではなかったのに、自分の世代になってマネジャーの仕事になったものに、「コンプライアンス関連業務」と「メンタルヘルス関連業務」があげられました。特にメンタルヘルス関連業務は、マネジメントストレスを大きく上げるものになっています。

社会課題や経営課題が新たに出てくると、そのたびにマネジャーの仕事は肥大化していくものなのです。

2012年の経団連のレポート[*6]には「業務量が拡大する中、プレイヤーとしての活動を余儀なくされ、増大する業務負荷への対応と部下の指導・育成に苦悩」していると記述されていて、「業務負荷軽減に向けた組織的な取り組み」が欠かせないとしています。

マネジャーの労働時間は、一般社員と比べて平均的に高い状況にありますが、思い切った仕事のダイエットを行わない限り、今後さらに増え続けて、本来行うべき役割が果たせなくなっていくでしょう。働き方改革も、これまでのところ、マネジャーの労働時間を増やす方向にいってしまっているので、マネジャー自身の働き方改革が必要だと思います。

5「フィナンシャル・レビュー」2008-12 財務省財務総合政策研究所
6「ミドルマネジャーをめぐる現状課題と求められる対応」

3. マネジメントスキルを学ぶ

マネジメントを学ぶうえで留意すべきことを整理しておきたいと思います。

⑴ リーダーシップとマネジメントの違い

日常的な言葉である「マネジメント」ですが、よく「リーダーシップ」と混同されます。

私が講演会などでマネジメントとリーダーシップの違いが説明できますか？　と尋ねてもすっきりと答えてくれる人はなかなかいないものです。

リーダーシップは「タスクに対するリーダーシップ」と「人に対するリーダーシップ」に二分されます。

タスクに対するリーダーシップとは、目標達成行動のことで、チームとして抱えている解決すべき課題や達成すべき目標に対して、どのように計画を立て、方向性を見出すかということです。

人に対するリーダーシップとは、集団維持行動[*7]のことで、チームを構成しているメンバー全員が、目標達成に向けて参加し貢献できるように仕向けていくことです。

リーダーシップは、２人以上の人が目的を持って集まったときに、必ず必要になるものです。仕事以外の場面でも、たとえばランチを食べに行こうということになったときでも、誰もリーダーシップを発揮しなければ、どこの店に行くかも決まりません。

つまりチームをつくったときに、メンバー全員がリーダーシップの発揮を求められるのであって、新入社員であっても必要だということです。

それに対してマネジメントは、他者に業績を上げさせるための技術であって、マネジャーになったときにはじめて求められるものだということです。

7　三隅二不二著『リーダーシップの科学―指導力の科学的診断法』（講談社ブルーバックス）

もうひとつ、リーダーシップとマネジメントの大きな違いがあります。**図表1-3**をご覧ください。図にあるとおり、リーダーシップとは何をするべきかを問うもので、ひとつの正解というものがあるわけではありません。そのため、学ぶことができず、いくつもの場を経験することによって涵養していくしかないのですが、マネジメントのほうは、どのようにやるかを問うものなので、How toですから、一定の正解があるのです。つまり学習可能なのです。

これは大きな違いです。

学べるものならば、学びたいと考えるのが自然でしょう。

これまでリーダーシップとマネジメントが混同されてきたので、マネジメントが学べるものだという認識が広がっていませんでした。

新任マネジャー研修の場でも、会社のルールや管理ツールの作業手順などの学習にとどまり、マネジメントスキルそのものをあまり教えてこなかったのです。

たいていの新任マネジャーは、職場に戻ったのちに、これまで身近で見てきた過去の上司や先輩のマネジメントを思い出して、なんとなく真似するところからはじめていたはずです。

図表1-3　リーダーシップとマネジメントの違い

	リーダーシップ	マネジメント
P.F.ドラッカー	正しい事を行うこと	物事を正しく行うこと
J.コッター	変化に対処すること （改革の主導）	複雑な状況に対処すること （オペレーションの管理）
S.コヴィー	望む結果を定義しており、何を達成したいのかという質問に答えようとするもの	手段に集中しており、どうすれば目標を達成できるかという質問に答えようとするもの
	WHATを問う	**HOWを問う**
	＝	＝
	日常の行動習慣として形成されるもの	専門的な知識・技術として学習するもの

⑵　人事課題としてのマネジメントスキル

学習すべきタイミングで学習していないのであれば、それはできるはずもありません。その通り、マネジャーのマネジメントスキル不足は各企業共通の課題となっています。

東証一部上場企業に人事課題を尋ねた調査[*8]によると、2017年では、ミドルマネジャーのマネジメントスキル向上については、

・特に重要だと認識している　26.4%

・課題だと認識しており優先度が高い　48.7%

・課題だと認識しているが優先度が低い　21.3%

・全く課題だと認識していない　1.0%

となっています。4社に3社で優先順位が高い課題と認識しているのです。

2015年調査では、マネジメントスキルの向上については77.8%の企業で課題として認識していて、そのうち

・現在取り組んでいる　77.4%

・検討中　19.7%

・取り組んでいない　0.7%

・解決済み　0.6%

となっています。簡単には解決しない課題と言えそうです。

解決しない理由には、マネジメントスキルというものが何なのか、その正体がはっきりしないという問題があるでしょう。

それでは改めて、マネジメントスキルとは何でしょうか？

1955年に発表された古典的な理論としては、ハーバード大学教授を務めたR.カッツの理論があります。マネジャー層に求められる能力として、カッツは以下の3つの要素をあげました。

①テクニカルスキル；自ら担当する業務を遂行するために必要な専門的知識や技術

8　リクルートワークス研究所「人材マネジメント調査」2015年、2017年

②ヒューマンスキル；上司や部下、同僚、顧客、得意先などの相手方とうまくコミュニケーションを取る能力

③コンプライアンス・スキル；周囲で起きている事象や状況を構造化し、問題の本質をとらえる能力

まさしくこのとおりだと思うのですが、学習しようとするならば、もう一段階ブレイクダウンしたものが必要になります。

本書では、マネジメント研修で使うことを意識して、マネジメントスキルを構造化しました。

第１：昔も今も変わらない、マネジメントの原理原則とでもいうもの

第２：日常的な業務遂行のためのジョブ・アサインメントのスキル

第３：多様な人材をマネジメントするための基礎知識とコミュニケーションのスキル

これらにマネジャーとしてのスタンス・哲学を加えて構成しました。

「まずは本書を通読していただき、内容を一旦頭に入れてもらう。

↓

（可能であれば）会社独自のマネジメントケースなどを用意して、グループディスカッションなどを通じて理解を深める

↓

日常の実践において、そのようなマネジメントを行ってみる

↓

（可能であれば）多面観察（360度サーベイ）を通じて、部下がどのように上司のマネジメントを受け止めているかを振り返る」

というように、展開していただければ着実にマネジメントスキルが向上すると思います。

⑶　マネジメントに対する自信

自分自身のマネジメントに自信を持てている人は少ないようです。

図表1-4にあるように、自信を持てている人はわずか４人に１人。大いに

自信があるという人に限れば2.8％しかいません。日々マネジメントを行っていて、部下との関係がうまくいかない、部下が指示に従わない、部下から厳しい意見を言われた、部下がメンタルヘルス疾患になった、部下からパワハラと言われた、というような苦しさに繰り返し襲われていることでしょう。そのたびにまた自信を失い、眠れない夜を過ごしているのだと思います。

特に、部下思いでやさしい対応をして、部下を全力で支援していたようなマネジャーほど、部下との関係でトラブルが起こった瞬間に「バーン・アウト」のような状態になり、マネジメントのすべてが嫌になって放り出したくなるということになりやすいのです。

その前に、マネジメントスキルを身に付けましょう。

私はマネジャーになってからこれまでに約30年の時間を過ごしました。はじめは失敗の連続で、今振り返ると当時の部下には申し訳なかったと思います。苦い経験を経て、なんとか自分なりに安定してマネジメントができるようになるまで10年から20年という時間が費やされました。しかし、これほど

図表1-4　マネジメントスキルの自信

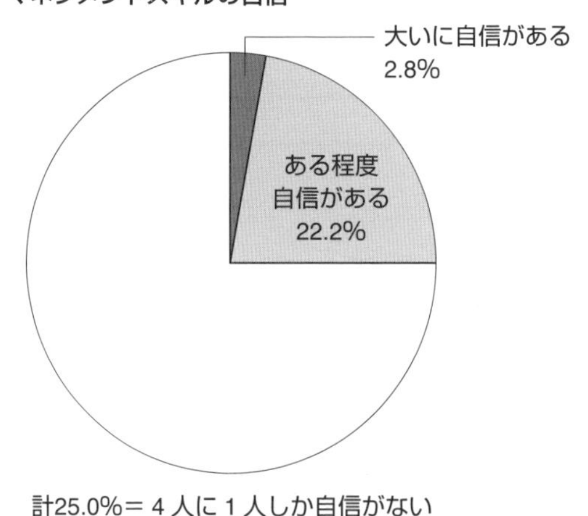

出所：リクルートワークス研究所「マネジメント行動に関する調査」2019年

に時間がかかってマスターしたのでは、マネジメントができるようになったらたちまち定年退職年齢になってしまいます。

もっと早くマネジメントスキルを身に付けられたらいいのに…。そのような思いとともに、第２章以下のマネジメントスキルの話に入っていきたいと思います。

第2章

マネジメントの原理原則

リーダーシップには正解はありませんが、マネジメントには一定の正解があります。「それならば正解が知りたい」と思うのは自然なことでしょう。第２章からは、その正解に迫っていきます。

1. 昔も今も変わらぬマネジメントの真実

まずはマネジメントの原理原則です。

真実にはさまざまな種類があります。第3章でお伝えするマネジメントサイクルをまわすスキルについては、定量調査、ヒアリング、仮説と検証を繰り返すことによって得られた科学的・統計的な真実ですが、本章でお伝えするのは、長い間良いマネジメントとして受け継がれてきた経験的な真実です。長い年月、大切に語り継がれ、伝承されてきたものには、実践の場で磨き上げられてきた説得力があるものです。先人たちの積み重ねてきた英知、知恵と言ってもいいかもしれません。

まずはそこから正解を見つけにいきましょう。

(1) マネジメントの「型」

突然ですが、私は今日本画を習っています。教室に通って、なんとかうまく日本画が描けるようになりたいと思っているのですが、覚えることは山のようにあり、しかも、わかったつもりになってもいざやってみるとできないことばかりで、ある程度「描ける」と言えるようになるまでは相当に時間がかかりそうです。

時間をかけて学ぶものは、日本画を描く「型」というものです。先人たちが練り上げてきた技術・ノウハウの体系であり、本を読むだけではとても習得できない実践知の集合体です。

もちろん本をさっと読んで見よう見まねで描いて「これが私の日本画だ」と言うこともできないことはありません。しかし、自己流は所詮自己流で、洗練されていないし、たちまちのうちに行き詰まって進歩しなくなります。納得できる絵を描こうとしたら、やはり基礎を習って型を身に付けたほうがよさそうです。

「型」は日本の伝統的な技術習得の道筋であり、守破離（しゅはり）という言葉で表現されてきました。もともとは茶道でつくられた考え方で、のちに多くの分野に取り入れられるようになりました。

> 守ハマモル破はヤブル、離ハはなると申候　弟子ニ教ルハ此守　と申所計也　弟子守ヲ習尽し能成候へハ自然と自身よりヤブル　是ハまへに云己か物ニ成りたるか故也　上手之段也　扨守ニテモ片輪破ニテモ片輪此上ニツヲ離レテめい人の位也　前の二ツヲ合して離れてしかも二ツヲ守ル事也
>
> （川上不白。江戸千家茶の湯研究会編『不白筆記』）

古い文章なので若干読みにくいかもしれませんが、「守」は、これまで積み上げられてきたノウハウ・やり方を吸収して、それを守るという段階です。ここで吸収したものが「型」となります。型を身に付けることで一人前のプロになり、スタートを切ることができるのです。次は「破」。型のうえに自分なりのやり方や工夫を足し合わせて、個性を出してゆきます。そして最終的に到達するのが「離」という段階で、型を離れつつ型を守り、新しい道を切り開く段階となります。

型を守りながらそれを超えたやり方を見出す人を「型破り」と呼んで高く評価する一方、型を身に付けずに自己流でやってしまうことを「形なし」と呼んで戒めます。

型は直接的に師から弟子に伝えられていくものです。

マネジメントをするうえで「型」はとても重要ですが、師が明確に存在するわけではないので、多くの場合、過去の上司から受けたマネジメントを思い出して、それを再現することで、マネジャーとしてのスタートを切ることになります。

素晴らしいマネジメントをする上司のもとで長く働く経験があったならば、まさしく観察したマネジメントを再現することでもよいのでしょうが、そのような理想的な上司が身近にいたという人は少数派だろうと思います。むしろ反面教師のような上司と出会ってしまったという経験のほうが多いかもしれません。

良いところだけを吸収して、悪いところは真似しなければいい、と考えるかもしれませんが、これはとても難しいことです。型というものは師からすべて

を受け継いで、その後に不要なものを捨てるという過程であり、時間がかかるものです。つまり悪いものもかなり受け継いでしまうものだということです。

そこで、上司の観察、上司からの伝承ではなく、良いマネジメントの型というものを学ぶ価値があるのです。

⑵ 先人が残した言葉

マネジメントの型を学ぶうえで役立つのが、先人が残したマネジメントに関する原理原則を示す言葉です。

もっともよく知られているのは、太平洋戦争のときに海軍の連合艦隊司令長官だった山本五十六の言葉でしょう。手紙や色紙に好んで書いた彼の人生訓のようなものだったようです。

> やってみせ、言って聞かせて、させてみせ、ほめてやらねば人は動かじ
> 話し合い、耳を傾け、承認し、任せてやらねば、人は育たず
> やっている、姿を感謝で見守って、信頼せねば、人は実らず

今読んでみても全然古い感じがしません。私も講演でよくこの山本五十六の言葉を引用させてもらうのですが、終わったあとに「実はカードにしていつも持ち歩いているんです」と言ってうれしそうに見せてくれる年配の方がいらっしゃいます。

長い間、多くの人の心に響き、リーダーの方々に受け継がれてきたのですから、マネジメントの本質に迫る言葉なのだと思います。

上杉鷹山が好んで使った「してみせて、言ってきかせて、させてみる」という人材育成の言葉を好み、その影響を受けて、山本五十六が紡いだ言葉のようですが、長い間日本で支持されてきたマネジメントの型の典型です。

一方、経済人でマネジメントに関する多くの名言を残している人と言えば、パナソニックの創業者・松下幸之助が思い浮かびます。「ものをつくる前に人をつくる」という言葉を残しているように、人材育成に熱心な方で、マネジメントの本質に迫る言葉で今も頻繁に引用されているものがあります。

まず信頼する
長所を見る

この2つはマネジャーとして人と向き合ううえでの、とても大切なことを伝えていると思います。「まず信頼する」は山本五十六の「信頼せねば」に通じるものですね。

大胆に人をつかう
任せて任せず

こちらは仕事の任せ方に関する言葉ですが、特に私が気に入っているのは「大胆に人をつかう」ということです。人材を登用するときに、いつも頭の中にある言葉で、これぞマネジメントを仕事にする者としての醍醐味と言えるかもしれません。

任せて任せず、は短い言葉で見事に本質を言い表わしています。

マネジャーの仕事とは、他者を通じて業績を上げることですから、任せなければ何もはじまりません。

一方で、任せっ切りにしてしまうならばマネジャーは必要ないということになってしまいます。そのバランスこそマネジメントの本質なのです。

松下幸之助は、病弱だったことから仕事を人に任せざるをえなかったようですが、病床で部下の報告を受けては指示を出していたということです。彼は、任せることと放り出すことは違うとも言っています。

マネジメント理論の開祖であるP.F.ドラッカーの声にも耳を傾けてみましょう。

部下の弱みに目をむけることは、間違っているばかりか無責任である。
上司たるものは、組織に対して、部下一人ひとりの強みを可能なかぎり活かす責任がある。
そしてそれ以上に、部下に対して、彼らの強みを最大限に生かす責任がある。
(P.F.ドラッカー著、上田惇生訳『経営者の条件』ダイヤモンド社)

部下の「強み」は組織の目的を達成するための最大の資源です。ドラッカーの有名な言葉に「強みのうえに自らを築け」というものがありますが、キャリアデザインの名言としてよく知られています。

さらにもうひとつ。古代ギリシャの哲学者アリストテレスも、マネジメントの本質と思える言葉を残しています。

誰でも怒ることはできる、それは簡単なことだ。しかし、正しい人に、正しい程度に、正しい時に、正しい目的、正しい方法で怒ること、それは簡単ではない。

マネジャーは必要があれば、嫌でも部下を叱らなければなりませんが、叱り方にマネジメントの本質があるということだと思います。部下は十人十色ですから正しく効果的に叱るということはたいへん難しいことですね。

他にもマネジメントの参考になる先人の言葉はたくさんあります。**図表2-1**に追加的に示しておきましたが、特に斎藤茂太氏の言葉「他人に花を持たせよう。自分に花の香りが残る」は、マネジャーにとって大事なことを伝えていると思います。味わってみてください。

これらを踏まえて、マネジメントというものをいくつかの原理原則にまとめて、整理してみることにしましょう。

図表2-1　マネジメントのヒントになる名言

名言
人を用いるには、すべからくその長ずるところを取るべし。 人それぞれに長ずるところあり。 何事も一人に備わらんことを求むることなかれ。 （徳川家康）
功のあった人には禄を与えて、能力のある人には位を与えよ。 （西郷隆盛）
命令を質問の形に変えると、気持ちよく受け入れられるばかりか、相手に創造性を発揮させることもある。 （デール・カーネギー）
他人に花を持たせよう。自分に花の香りが残る。 （斎藤茂太）

2. 5つの原理原則

マネジメントの「型」をなす原理原則を5つにまとめましたので、ひとつずつ一緒にじっくりと味わってみましょう。

(1) すべての関係者の強みを知る［第1原則］

第1番目の原則として、「強み」ということを持ってきました。

松下幸之助、ドラッカーや徳川家康が言っているように、部下の強みを理解しているということはマネジメントを担当する者として必要不可欠なことです。ドラッカーは、強みよりも弱みに目を向ける者は、マネジャーとして失格であるとすら言っています。

若い頃の私の経験ですが、先輩マネジャーで、昇進昇格会議の場面で、実に豊かな言葉で部下の強みを語る人がいました。語彙が豊富で、知らない人でもイメージが湧くようにうまく褒めるのです。当然、他のマネジャーよりも説得力があり、昇進昇格させたい部下や高い査定点を付けたい部下の議論では、希望どおりの結果を獲得していきます。私もこういうマネジャーになりたいと思い、当時の部下一人ひとりの顔を思い浮かべながら、強みをノートに書き出してみました。なんとなく頭の中で思っているというだけでは生まれない、素敵な言葉で的確に表現する準備をしておこうと思ったのです。効果はてきめんでした。当時の上司も「大久保は部下をよく見ている」と褒めてくれたのです。もう30年も前の話ですが、覚えているということは、うれしかったのでしょう。

私はよくキャリアデザイン研修の講師を務めることがあって、キャリアマップ[*9]というものを書いてもらうのですが、そこに強みを記入する欄があり、上司から過去に褒められたことを思い出して書いてもらうようにしてい

9 拙著『キャリアデザイン入門(I)(II)』（日本経済新聞出版社）を参照

ます。受講生が書いたものを見ると、個人差がかなりあって、とてもうまくその人の強みを表現している（と思える）言葉もあれば、ありきたりで借りもののような言葉を書いている人もいます。うまく表現できている人はきっとこれまで上司に恵まれていたのだろうな、と思います。強みの自己認知はキャリアデザインの起点ですから、強みをよく理解してくれている上司で、それを伝えてくれる上司は、最高のキャリアデザインのパートナーであり支援者なのです。

強みを伸ばすことと、弱みを克服することは、成長の両輪ですが、ごく若いときを除けば、基本的には強みを伸ばすことに力を注ぐべきです。同じエネルギーをかけるなら、弱みを直すよりも強みを磨くほうが大きな成果を得ることができるからです。強みを活かして人は仕事で活躍するものですから、上司と自分自身が強みの認識を共有していれば、それをベースにして仕事の成果を追いかけていくことができるでしょう。

第１原則のタイトルに「関係者の強み」と書き、「部下の強み」とは書かなかったのは、私なりの思いを込めたからです。

それはマネジメントにおいては、部下の強みだけでなく、上司の強みも知っておく必要があるという思いです。マネジメントの対象は部下だけではありません。仕事でご一緒する外部の方や他部署の人々もまた強みを把握しておくべき対象であり、そして上司もまたその対象なのです。

「ボス・マネジメント[*10]」という言葉があります。上司をマネジメントするというような意味ですが、上司をうまく活かしコントロールできるということは優れたリーダーの特徴です。上司は、ちょっと見方を変えれば、「無料で使える有益なツール」なのです。仕事を支援してくれたり、社内決裁を支援してくれたり、権限以上のことを任せてくれたり、有意義な情報や人脈を提供してくれたりと、いくらでも使える場面があります。

だからこそ上司の強みをしっかりと把握しておいて、上司の強みが活きる

---

10 拙著『上司に「仕事させる」技術—そうか！ボス・マネジメント！』（PHP研究所）

ような場面で手伝ってもらえばいいのです。あなたの仕事を側面支援するのは上司の仕事ですし、強みを部下であるあなたが知って頼ってくるのですから、喜んで協力してくれるでしょう。

さらには取引先の担当者の強みを知っていることも業績を上げられるマネジャーの条件だと思いますし、他部署にいるパートナーとなる人の強みをよくわかっていることも大事なことです。そのような意味で「関係者の強みを知る」としました。

他者の強みに関心を持つという習慣は人間関係を円満にします。苦手な人、嫌いな人が多くいるという人は、人と出会うと先に嫌いなところを見つけてしまう人ではないかと思います。嫌だと思うと、もうその人のことを見ようとはしなくなります。本当はとてもいい人なのかもしれないのに、とてももったいないことです。反対に、先に良いところを見つけておくと、そのあとに多少嫌なところを見つけても許せるものです。意識的に良いところを先に見る癖をつければ、人間関係はずいぶん円満になるでしょう。

仕事上の人間関係は選べませんし、基本的には部下も選べません。「こいつはダメだ」と簡単に烙印を押してしまっては、お互いに不幸というものです。

(2) やって見せて、真似させる［第2原則］

上杉鷹山が好んで使った「してみせて、言ってきかせて、させてみる」と山本五十六の「やってみせ、言って聞かせて、させてみせ」から紡ぎ出したのが、第2原則の「やって見せて、真似させる」です。

これは人材育成の原理原則を示しているものと言えるでしょう。

日本古来のノウハウに見えますが、実は国際的に浸透しているものです。戦後アメリカから入ってきた研修方法にTWI（Training Within Industry）がありますが、その中に仕事の教え方の手順として次の4段階が提示されています。

第１段階	習う準備をさせる；受講生をリラックスさせ、学びたい気持ちにさせる
第２段階	作業を説明する；やって見せる、一度に理解できる範囲で教える
第３段階	やらせてみる；やらせてみて間違いを正す、わかるまで繰り返す
第４段階	教えた後を見る；受講生から質問させる、段階的に指導を減らしていく

第２段階から第３段階にかけての手順はまさに「やって見せて、真似させる」です。

TWIは、第２次世界大戦後に占領軍によりもたらされ、労働省（現在の厚生労働省）によって普及されたものですから、日本だけでなく、アメリカでも効率的に学ばせる方法として定着していたのでしょう。

第２原則について、いくつか補足説明をしておきたいと思います。

やって見せるということは、観察させるということです。心理学では「代理観察」という言葉を使いますが、自分で体験するのではなく他者がやっていることをじっくりと眺めるというような意味です。代理観察の結果、イメージができて、「自分にもできるかもしれない」という気持ちが湧いてくるのです。

未体験なことでもうまく行うことができるという確信を、自己効力感（self-efficacy[*11]）と言います。このような感覚があると、難局を乗り越え、新しい課題に挑戦できる人になるのですが、代理観察は自己効力感を生み出す重要な要素のひとつとされているのです。

そして「真似させる」という点ですが、これはとても学習効率のいい方法です。「学ぶ」の語源は「真似(まね)ぶ」だと言われています。代理観察しただけだと、早々に記憶から消えていってしまうので、即座に真似してやってみる。それが効果的なのです。

以前に俳優であり画家でもある片岡鶴太郎氏にインタビューさせていただ

11 アメリカの心理学者A.バンデューラの社会的認知理論の中核概念

く機会がありました。彼はご承知のようにモノマネ芸人からキャリアをスタートさせて、俳優になり、プロボクシングの資格を取り、画家になり、ヨガのインストラクターになるという多才ぶりを見せていますが、その原点はすべてモノマネだそうです。市井の人々の行動を真似して俳優として演技し、賞をとってしまう。好きなプロボクサーの型を真似してシャドウボクシングをやってプロ試験までパスしてしまう。好きな画家の着る服や絵を描く姿勢まですべて真似してあっという間に作品集を出すまでになってしまう。すべての原点は「憑依」しているかのようなモノマネ学習にあったのです。[*12]

人材育成の王道とも言える「やって見せて、真似させる」というマネジメント原則ですが、マネジャーの皆さんには、あまりにも有名なフレーズなので新鮮には映らないようで、「すでにやっています」という返事が返ってきます。

そこでもう少し踏み込んで、うまくやるコツをお話ししたいと思います。

まず、TWIの手順にもあったように、「やって見せて、真似させる」前後が大事だということです。

やって見せる前に、準備をさせるかどうかで効果は大きく変わってきます。

私も新しく異動で来た部下に「やって見せる」ことがあって、たいてい講演や審議会などを代理観察させるのですが、会場に向かう途中や帰り道に、観察してほしいポイントや、発言や行動の理由を説明する時間を設けるようにしています。ただ観察しただけでは、どこを見ていいのかわからないと思いますので、真似してほしい勘所を示しておくのです。それだけで学習効果は大きく変わると思います。

もうひとつ大事なことは関係性です。

上司と部下というだけでは、教え、教えられるという関係は成り立っていません。もしもマネジャーであるあなたが部下の誰かに自分の技を教えたいと思うならば、あらかじめ師弟のような関係性をつくっておかなければなりません。「あなたに教えよう」「上司から学ぼう」という関係を合意していれ

12『Works』95号（2009年）「CAREER CRUISING―片岡鶴太郎」

ば、学ぶ準備ができるわけです。

もちろん上司に対するリスペクトの気持ちがあれば、なお良いでしょう。

キャリア研修で「あなたのロールモデル（お手本となる人）は誰ですか」と問うと、たいてい3種類の人物が出てきます。それは、上司、両親、そして歴史上の偉人です。その中でも上司や元上司をあげる人がもっとも多いと思います。

つまり上司はお手本にしやすい身近な人物の代表なのです。ロールモデルと言っているということは、暗黙に、観察して真似る対象ということですから、それを一歩進めて疑似師弟関係という合意にしてしまえば、スムーズに知識が移転できるようになります。

もうひとつコツをお話ししたいのですが、それは真似る「機会」を用意するということです。やって見せたのはいいのですが、その後に試行の機会を与えないと、肝心の真似する段階が経験できなくなってしまいます。同じようなシチュエーションで試行してみる機会というのはマネジャーがかなり意図的に用意しないと訪れないはずなので、心がけておいていただきたいと思います。

(3) 問いかけ、耳を傾ける［第3原則］

上司だからといって、命令口調で有無を言わせず指示するということでは、良いマネジメントはできません。山本五十六が「話し合い、耳を傾け」と表現しているのも、部下の意見に耳を貸す、という意味合いで、そう言っているのでしょう。カーネギーも「命令を質問の形に変えると、気持ちよく受け入れられる」と言っていますから、少しテクニックを使うとよいようです。

一昔前は、絶対的なパワーを持った上司を理想とする人が多かったように思います。いかにもBOSSというニュアンスで上に立ち、カリスマ的なリーダーシップを発揮するという、特別な存在です。

そのような上司像を頭に思い描くと、これからマネジャーになる層の多くは「自分には無理」と思ってしまうことでしょう。

現実には、そのような絶対的なBOSSが好まれているのではなくて、部下の話に耳を傾け、配慮をしてくれるような上司が必要とされているのです。

リーダーシップにおいてもぐいぐいと引っ張っていくというよりは、部下の背中を押してくれるような上司が業績を上げている傾向があります[13]。

さて、第3原則ですが、ここで強調したいのは、そのような新しい上司像というよりは、人材育成のコミュニケーションの姿としての「問いかけ、耳を傾ける」ということです。

意味合いとしては、部下から報告を受けるときに、「なぜそう考えたの？」と尋ね、部下の返答に最後までしっかりと「耳を傾ける」ことです。

「なぜ？」と問いかけるというと、トヨタ生産方式を思い出す人も多いのではないでしょうか。

トヨタ自動車元副社長の大野耐一氏が提唱した「なぜなぜ分析」というものです。何か問題が起こったとき、その問題事象の真因を突き止めて早く手を打つために、「その事象が起こるのはなぜだ？」と5回繰り返して真因を追求するという分析手法のことです。大野氏が示した具体例を見てください。

機械が動かなくなった時に―
なぜ機械が止まったのか？
　☞オーバーロードがかかって、ヒューズが切れたからだ
なぜオーバーロードがかかったのか？
　☞軸受部の潤滑が十分ではないからだ
なぜ十分に潤滑しないのか？
　☞潤滑ポンプが十分くみ上げていないからだ
なぜ十分にくみ上げないのか？
　☞ポンプの軸が摩耗してガタガタになっているからだ
なぜ摩耗したのか？
　☞ストレーナー（濾過器）がついていないので、切粉が入ったからだ
解決策；ストレーナー（濾過器）を取り付ける

（大野耐一著『トヨタ生産方式』ダイヤモンド社）

---

13 ロバート・K・グリーンリーフ著、金井壽宏監修、ラリー・C・スピアーズ編集、金井真弓訳『サーバントリーダーシップ』（英治出版）など参照

このようになぜ？　を繰り返して５段階掘り下げることで問題解決につながるというわけです。品質管理のための行動としてとても大事なことを伝えていると思います。

ただしこれは上司と部下の会話というよりは、自問自答であり、品質改善のプロセスを指しているものと考えられます。

マネジメントの観点で言うならば、「あなたはどうしたいのか？」と問うことが重要です。私が所属するリクルートでは、「お前はどうしたいんだ」と部下に問うマネジメントが広く普及しています。これは一人ひとりにリーダーシップを求める組織風土から生まれたマネジメント方法と言えるでしょう。上司からのどうしたいのか？　という問いに答えられなければ、その人は評価されません。

ポイントは上司としての答えを持ちながら、一旦それを飲み込んで部下の意見を聞くということです。答えがわからないから聞くということではないので、そこを勘違いすると、単なる判断できないマネジャーになってしまいます。

一般に、問いかけること自体は簡単です。口癖のようなもので、明日からでもできるでしょう。むしろ難しいのは「耳を傾ける」という行為のほうです。

時間に追われている多忙なマネジャーほど、すぐに的確な答えを出せない部下を待ちきれなくなって、「こういうふうに考えればいいんだ」というように遮って結論を言ってしまいがちです。

こういうせっかちな上司は、そもそも耳を傾けるという姿勢になっていないのかもしれません。コーチング研修などを受けると、必ず「傾聴スキル」のレッスンが入っていますが、相手との間に信頼関係をつくるラポール[*14]形成のスキルがあるかどうかで、部下の返答はずいぶん変わってくるはずです。

傾聴スキルとは、相槌やうなずき、オウム返し、共感、ミラーリングなどを指しますが、安心して話せる状態をつくってあげてはじめて、問いかけた

---

14 rapport：心が通い合っている、どんなことでも打ち明けられる、と感じられる関係

ことの効果が出てくるのです。

ではなぜ最後まで聞き切る必要があるのでしょうか？

それは次の３つの理由があるからだと考えられます。

①承認欲求；熱心に聞いてあげることで、部下の承認欲求を満たす

②論理的思考；思考を整理する時間を与えることで論理的思考を促す

③課題発見；最後まで聞き切ることでどこがわかっていないかを発見できる

途中で遮って異論をはさんだり、自分の意見に引き寄せてしまったりしては、このような効果は期待できません。問いかけたあとに、耳を傾けて最後まで聞く。そこまでやっていただきたいと思います。

⑷　期待して、任せて、見守る［第４原則］

これは山本五十六の「承認し、任せてやらねば、人は育たず」という部分や、松下幸之助の「信頼する」「大胆に人をつかう」などの部分をベースにしてまとめた原則です。

冒頭の「期待」というのはマネジメントにおいてとても大事なことだと常々思っています。「部下に期待してください」と言うと、皆さん「当然期待しているよ」という顔をされるのですが、期待を言葉にして伝えていますかと問うと、自信なさそうな顔になります。

口に出して言うのは、気恥ずかしいという感情があるのかもしれませんが、実際には口に出して言わないと伝わらないものなのです。

私の所属する研究所で、以前にある企業に協力してもらって、実験を行ったことがありました。社員の皆さんにセンサーデバイスを付けていただき、コミュニケーション状況を可視化したのです[*15]。

マネジャーは部下全員と満遍なく話していると思っていましたが、実際にマネジャーのデータを取ってみると、かなり偏っているということがわかり

---

15 詳しくはWorks Report 2018「人事を変えるテクノロジー　センサーデバイスを活用したコミュニケーション可視化プロジェクト」

ました。数人の部下と密に話をしていて、あとの人とはコミュニケーションが少ないのです。話しやすい、反応がいいなどの相性がいい部下とはコミュニケーションが多くなりますが、そうでない部下とは少なくなる傾向が見えました。

密なコミュニケーションを取っている部下にはさまざまな場面で期待も伝わるのでしょうが、そうでない部下からは、「私は期待されていない」「嫌われているかもしれない」と思われているかもしれません。ちょっとしたことがきっかけとなって疑心暗鬼になり、コミュニケーションが薄いと疑念がそのまま固定してしまうものなのです。

期待を伝える方法は難しくありません。テクニックは使わなくて結構です。「期待しているぞ。頼むぞ」「この前は良かったな。今度も期待しているよ」というストレートな気持ちを言葉にして伝えれば十分でしょう。

一方、モチベーションを削ぐことも簡単で、シンプルに「お前には期待していない」と言えば、どんな人でもやる気を完全に失います。つまりマネジャーとしては絶対に口にしてはいけない言葉だということです。

期待を伝えないことで「予言の自己成就[*16]」が起こることがあります。

ひとつの例をあげましょう。女性に対して管理職になるという期待を伝えないままに年月が流れた場合。女性社員は、管理職になることを期待されていないと思い、次第に管理職にはなりたくない、管理職になる力はない、と自分に思い込ませていきます。その結果、期待を言葉にしていなかった幹部は「やはり女性は管理職になりたがらない」と確認して、予言を成就させてしまうのです[*17]。男性の場合は、先輩たちの歩んだ道によって、当然に管理職になっていくべきものと思いますが、管理職比率が低い企業における女性社員の場合、男性のようなキャリアパスが見えません。その分、言葉にして伝える期待が重要であり、新人の段階から「将来リーダーになってもらう」と言われ続けるからこそ、その期待に応える能力と志向を形成していくのです。

---

16 社会学者マートンによる

17 山口一男著『働き方の男女不平等—理論と実証分析』（日本経済新聞出版社）などが参考になる

期待して→任せて→見守る、という手順ですが、マネジャーとは他者を通じて業績を上げる役割ですから、任せることが大事なのは自明として、期待することと、見守ることで、任せることをサンドイッチするところがポイントになります。

任せて見守るは、松下幸之助の「任せて任せず」そのものですが、あえてここでは「見守る」という言葉を使ってみました。

ある会社で、これまで自分が成長したときに、この上司の下で成長したと思える上司の名前を書いてもらうというアンケートがあったそうです。そのときに名前とともに一言コメントを書いてもらったところ、もっとも多く出てきたコメントが「見守ってもらった」という言葉だったのです。教えてもらったでも、面倒を見てもらったでも、かわいがってもらったでもなく、見守ってもらった、という言葉であったことは私にとって衝撃でした。そしてこの会社は上司が部下を育てるという組織風土がしっかりとできているのだなと思いました。

私の研究所で行った別の調査で、影響を受けた人物の名前を３人書いてもらうというアンケート調査をやったことがあります。いくつかの会社で同じ調査をやったのですが、会社の個性がはっきり出るものです。ある会社では３人とも元上司の名前を書く人が多くいました。反対にある会社では、空欄が埋まらない人が多く、歴史上の人物の名前がたびたび登場し、上司の名前の横に「反面教師として」という添え書きが付いているという状態でした。

これは世代継承性[*18]（generativity）の違いでしょう。中年期に達したときに、若い世代に何かを残したいという思いが湧き上がることを世代継承性と言います。上司の名前を書く人が多い会社では、部下に期待して、任せて、見守るというマネジメント行動が定着していて、順繰りにそれをやっていくという世代の循環が機能しているのです。若いときに上司に見守ってもらったから、管理職になった今度は自分の番だという気持ちになるのです。恩返

---

18 心理学者エリク・エリクソンが唱えた概念。中年期に訪れる思いで、関心が自分自身から、家族、共同体、将来世代へと向かう心理を指している。将来世代に部下や後輩が含まれる

しの気持ちと言ってもいいでしょう。「見守る」という言葉は世代継承性の象徴なのかもしれません。

「見守る」の反対は、「介入する」です。

今はプレイングマネジャーがほとんどですから、実務に精通している状態でマネジャーに上がっている人が多く、各論がわかっているために、部下に任せたはずの案件につい細々と口を挟んでしまうのです。「部長が課長の仕事をしている会社」「課長が係長の仕事をしている会社」があります。現場が好きで、つい手を出してしまう気持ちはよくわかるのですが、我慢して任せたものは任せきらないと、部下も育ちませんし、生産性も上がりません。「上司として知恵を出している」という正当化する理屈もあるでしょうが、上司が言えば、部下は従わざるをえません。

一旦任せたら、口を出すのは、部下から求めてきたとき、ということを原則にしておいたほうがいいでしょう。

⑸ 正しく褒めて、正しく叱る［第5原則］

山本五十六も「ほめてやらねば人は動かじ」と言っているように、褒めるということは人を動かすガソリンのようなものです。

マネジャーの皆さんには、ぜひ褒め上手になっていただきたいものです。

実際には、あまり人を褒めないというマネジャーが多いように思います。特に年配の人は、単純に褒め言葉の語彙をあまり持っていないようです。気恥ずかしいということもあるのか、あるいは、褒めるとつけあがると思っているのか、めったに褒めないという人をよく見かけます。若手のマネジャーでも、うっかり褒めると査定のときに良い点数がつくものと期待されるからと、セーブする人もいるのですが、そんなセーブは必要ありません。積極的に「褒める」という武器を使ってください。

人は褒められて育つものです。私の部下にも、異動の際に「私、褒められて育つほうなのでよろしくお願いします」と申告してきた強者がいますが、若い世代には多く見られる傾向です。褒められて嫌な人はいませんし、承認欲求に応えることですから、マネジメント上はその効果は絶大です。

そして、同じ褒めるなら、上手に、効果的に、褒めたいものです。

正しく褒めるテクニックの第1は人前で褒めるということでしょう。たくさんの人がいる前で褒められるほうが誇らしく、同じ一言でも効果がぐんと高まります。

上級テクニックとしては、第三者を通じて間接的に褒める方法があります。第三者を通じて「あなたの上司が褒めていたよ」と伝わると心に残るものです。目の前で褒められるとお世辞だろうと思う部分もありますが、第三者から間接的に聞くと、本当にそう思ってくれているとわかるので、ありがたみが増すのです。

もうひとつのテクニックは、具体的に褒めるということです。

上司には表現力が必要です。「良かったよ」などの単純な言葉で褒めるとそれほどの効果はありません。褒めることは「見守る」とつながっていて、「あのときにこうやっていたよね。あれがとても良かったよ」と具体的に褒められると、見守ってくれていたことも伝わるので、うれしい気持ちが膨らむのです。

褒めることは、意欲を喚起するだけでなく、推奨される行動の基準を示すことにもなります。どういう行動をしてほしいのか、どういう行動が良いことかという道を照らすことになり、リーダーシップとしてもとても大事なことです。

一方で、正しく叱るために必要なテクニックもあります。

法制化[*19]によって、企業はパワハラを防止するための措置をしなければならなくなり、改めて大きな注目を集めています。暴力とか集団的ないじめがいけないのは当然ですが、必要があって叱ったときも、間違えるとパワハラになってしまうのです。境界線が見えにくいこともあり、多くのマネジャーは不安に感じているのではないでしょうか。

はっきり言えば、パワハラと思われてしまうのは、明らかにリーダーシッ

---

19 労働施策総合推進法の改正により、職場におけるパワーハラスメント防止のために、雇用管理上必要な措置を講じることが事業主の義務となる

プの誤解であり、マネジメントの失敗です。正しい叱り方を理解していないと、パワハラのリスクを負うことになるのです。

リクルートワークス研究所で毎年実施している「全国就業実態パネル調査」では、職場でハラスメントを見聞きしているかという設問を入れています。それを業種別に集計したところ、なんと公務がいちばん多いということがわかりました。公務員の世界はそれほどハラスメントが多いのかと疑問に思いましたが、ふと公務員白書を見たことで腹落ちしました。人事院が実施した30代の職員を対象とした調査で、「過去数年間に上司から業務遂行に関して厳しい指導を受けたか」尋ねているのですが、NOという人は約37％にすぎず、多くの人が厳しい叱責を受けた経験をしているということです。そしてそのような指導を受けた人の38.3％がパワハラと感じたと答え、56.9％がパワハラとまでは言わないが不満を感じた、と答えています[*20]。

これでは厳しい指導は部下に届いていないということになります。問題があるから叱ったはずですが、その結果パワハラと思われたり、不満に思われたりしたのなら、部下は納得していないということで、おそらく行動の改善にはつながっていないでしょう。

ハラスメントにならない叱り方と、原理原則としての正しい叱り方はイコールです。

ポイントを３つ説明しておきましょう。これはパワハラを争った判例からの明らかに言えることです[*21]。

第１には、目的の正当性を逸脱しないこと。

業務改善のための指示・命令であればパワハラにはならないのです。ただ、そのときに、「聞いている相手が受け止めてくれない」とか、「伝わった感じがしない」とか、「何度も同じ注意を繰り返している」とか、そうなってくると上司はつい感情的になってしまいます。「そもそもお前は」とはじ

20 人事院編『平成30年版 公務員白書』(30代職員調査)
21 小笠原六川国際総合法律事務所著『判例から読み解く職場のハラスメント〔第２版〕』(清文社)に関連する判例と分析が掲載されている

図表2-2　パワーハラスメントの基礎知識

以下の①～③のすべてを満たす行為をパワーハラスメントと定義する
①優越的な関係を背景とした言動
②業務上必要かつ相当な範囲を超えた言動
③就業環境を害すること

〈パワハラの6類型〉

身体的な攻撃	**精神的な攻撃**
・殴打、足蹴りを行うこと ・けがをしかねない物を投げつけること	・人格を否定するような発言をすること（たとえば、相手の性的指向・性自認に関する侮辱的な発言をすることを含む） ・業務の遂行に関する必要以上に長時間にわたる厳しい叱責を繰り返し行うこと ・他の労働者の面前における大声での威圧的な叱責を繰り返し行うこと ・相手の能力を否定し、罵倒するような内容の電子メール等を当該相手を含む複数の労働者宛てに送信すること
人間関係からの切り離し	**過大な要求**
・自身の意に沿わない労働者に対して、仕事を外し、長期間にわたり、別室に隔離したり、自宅研修させたりすること ・一人の労働者に対して同僚が集団で無視をし、職場で孤立させること	・長期間にわたる、肉体的苦痛を伴う過酷な環境下での勤務に直接関係のない作業を命ずること ・新卒採用者に対し、必要な教育を行わないまま、とうてい対応できないレベルの業績目標を課し、達成できなかったことに対し厳しく叱責すること ・労働者に業務とは関係のない私的な雑用の処理を強制的に行わせること
過小な要求	**個の侵害**
・管理職である労働者を退職させるため、誰でも遂行可能な業務を行わせること ・気にいらない労働者に対して嫌がらせのために仕事を与えないこと	・労働者を 職場外でも継続的に監視したり、私物の写真撮影をしたりすること ・労働者の性的指向・性自認や病歴、不妊治療等の機微な個人情報について、当該労働者の了解を得ずに他の労働者に暴露すること

出所：厚生労働省「職場におけるパワーハラスメントに関して雇用管理上講ずべき措置等に関する指針の素案」2019年

まり、「だからお前はダメなんだよ」「もう期待しない」など人格を否定するような言葉が飛び出してしまうと一線を越えてしまいます。

大事なことは「行動を叱る」ということです。行動は変えられますが、人格は変えられません。変えられないものは叱ってはいけないということが、叱り方のポイントです。

第2には、時間や頻度において度を越えた対応にならないことです。

別室に呼んで3時間叱り続けた、などは明らかに度を越えています。叱られるほうも途中からはうんざりして聞いていないでしょう。叱るときはポイントを押さえて簡潔に。すっきりと終わることです。

そして望ましい叱り方のポイントとしては、問題行動があったあと、あまり時間をあけずに叱ることも大切です。人事考課のフィードバックのときにとためておいて、「3か月前のあのときだけど」とやられたのでは、根に持っているようで悪い印象が広がってしまいます。叱られるほうも、そのときの行動を覚えていないでしょう。

第3には、大勢の前で叱るとか、メールの一斉同報で叱るなど、他者に見られるような叱り方をしないということです。

叱られるということは恥ずかしいことです。人前で言われると恥ずかしさが先に立ち、素直に上司の指導を聞けません。叱るときは1対1で、個別に、と心得ておいてください。

マネジャーにとっても叱るということは気が重いものです。しかし役割上、明らかに良くない行動があれば放置しておくわけにはいきません。先延ばししてみたり、見て見ないふりをして許してしまうと、機会を逃してそれが定着してしまいます。

正しく、部下のためを思って親身に叱ることが重要です。アリストテレスも、正しい人に、正しい程度に、正しい時に、正しい目的、正しい方法で、と言っています。

正しい叱り方ならば、きっと部下に伝わり、ちゃんと受け止めてくれるでしょう。

第3章

日常のマネジメントサイクルをまわす

前章では、昔も今も変わらないマネジメントコミュニケーションの基本原則を５つに整理してお話をしました。本章では、この５つをさらに発展させて、日常のマネジメントサイクルの中でどのように展開していけばよいかということについて、科学的に検討してみたいと思います。

1. ジョブ・アサインメント（JA）のスキル

日常のマネジメントでは同じ場面が繰り返し登場します。それは組織目標を決めて、役割を割り振り、達成に向けて支援を行い、最後に仕上げて振り返るというサイクルで、マネジメントのPDCA（Plan、Do、Check、Action）とでもいうべきものです。

マネジメントサイクルは、業務年度や人事考課の期間によって決まることが多いと思いますが、同時にプロジェクトや突発の仕事に応じて、複数のサイクルが動く場合もあります。マネジメントサイクルの中には重要なマネジメントスキルが埋め込まれているので、そのスキルをマスターすれば、日常のマネジメントが「できている」状態になるのです。

マネジメントサイクルに埋め込まれたスキルを、ジョブ・アサインメントのスキルと呼びます。

ジョブ・アサインメントという言葉は直接には「仕事の割り振り」を示しますが、ここではその前後を含めた一連のマネジメントサイクルをまわすスキルというように広義に定義しておきます。

ジョブ・アサインメント（Job Assignment）という言葉は長いので以下JAと略します。

私が所長を務めるリクルートワークス研究所では、JAの研究を重ねて、マネジメント行動を科学的に分析してきました。ヒアリングと定量調査を繰り返し、仮説をつくって検証してきました。その結果、どのようなJAを行うと、業績が上がり、効率が上がり、人材育成が進み、イノベーションが促進され、部下のモチベーションが上がるのか、ということが明らかになっています[*22]。

そもそもなぜJAに注目したかといえば、それはマネジャーの負荷を軽く

22 たとえば「ジョブ・アサインメントスキルがマネジャーを変える」（https://www.works-i.com/project/jobassign.html）などを参照

するためです。

第１章にも書いたとおり、現在のマネジャーの皆さんは、一昔前のマネジャーよりも多くの仕事を抱えています。そのうえに、ダイバーシティや働き方改革などの仕事を「上乗せ」されて、業績も人材育成も、ではオーバーワークになってしまって、どれもできなくなってしまうでしょう。

これを解決するためには、現時点でもやっていることにひと工夫することで、一石二鳥にも三鳥にもなる効率的なマネジメント方法を見出すしかありません。それがJAでした。

もしもこの文章を読んでいて、「たしかにこのようなマネジメントをしたら良いということは理解できるけれど、そもそも忙しくてそのような時間がない」と考えてしまう人はちょっと立ち止まって考えてみてください。新しいことをプラスして、と頼んでいるのではありません。日常的に行っている必要不可欠なマネジメントに、いくつかのテクニックを埋め込むことで、逆に今の忙しさから解放されるかもしれないのです。

2. マネジメントサイクルのPDCA

それでは具体的にどうすればよいのか、お話ししましょう。

まずは図表3-1を見てください。日常のマネジメントサイクルを４つの段階である【１】目標設定、【２】職務分担、【３】達成支援、【４】仕上検証で区分しています。そしてそれぞれの区分ごとに８つのマネジメント行動を示しています。この４×８がJAにあたります。

JAのそれぞれの項目は、マネジャーの実際の行動を類型化したものですが、あまり多くのマネジャーが実践できていない項目もあります。またすべての項目が、マネジャーとして上げるべき成果につながっていることが統計的に検証されています。

図表3-1　ジョブ・アサインメント　4×8＝32のスキル

【1】目標設定
①先取り・仕掛け ②期待値調整 ③俯瞰的理解 ④ジョブ・クラフティング ⑤職務リスト化 ⑥職務廃止 ⑦成功ポイントと障害の想定 ⑧下地づくり

【2】職務分担
⑨分配戦略 ⑩職務の再編と統合 ⑪ストレッチ ⑫最適マッチング ⑬手上げ誘導 ⑭意義付け ⑮工数・納期管理 ⑯権限委譲

【3】達成支援
⑰進捗管理（モニタリング） ⑱見守り ⑲リアルタイム・フィードバック ⑳課題の予見 ㉑側面支援 ㉒育成的支援 ㉓軌道修正 ㉔引き取り

【4】仕上検証
㉕加筆修正 ㉖完了確認 ㉗ディスクローズ ㉘反響フィードバック ㉙質と効率の評価 ㉚成果検証 ㉛改善指導 ㉜内省

たとえば、【2】職務分担のひとつである「⑩職務の再編と統合」を例にとると、マネジャーのうちこれを実践している比率は32項目あるJAの中ではやや低い実施率になっています。そしてマネジメントの効果としては、主に効率の向上につながり、イノベーションの促進にもプラスに働くということがわかっています。特に効率を高めるという点では職務の再編と統合は大きな役割を果たすもので、働き方改革のマネジメントにおいて中核をなしています（詳細は後述します）。

すでに解説したとおり、マネジャーの仕事は短期業績と中長期業績をバランスよく追い求めることですが、JAによってどちらの効果も出すことができるのです。

短期業績を示すものとして、売り上げや利益、成果などの「業績」と、投入時間に象徴される労働生産性の分母にあたる「効率」を、指標として設定しました。中長期業績を示すものとして、部下の「人材育成」と、「イノベーション促進」を指標として設定しています。これらは業績として今期には計上されませんが、来期以降の組織業績につながっていくはずです。

JAを確実にやることで、これらの効果がマネジメントから浸み出すように生まれてくるのです。

まずは4×8＝32のJA項目について、説明していきましょう。一つひとつの項目について、あなた自身が実践しているかどうか、自らに問いかけながら読んでください。

(1) 目標設定

組織は目標を達成するためにあります。その目標を達成に導くのがマネジャーの仕事ですから、欠かせない第1段階です。しかし、残念ながら多くのマネジャーが目標設定という第1段階を軽んじているようです。実践度が低いことからそれとわかるのですが、どこかに「目標は上から下りてくるもの」という思い込みがあるからではないでしょうか。その先入観は捨てて、目標設定にはマネジャーが関与しているのだということを念頭に置いてください。

なお、実践度については、そのJA項目を行っているマネジャーの比率で、高・中・低の3段階に分けて表示しています。主成果は、短期業績・中長期業績の計4つの指標のうち、特に強い関係性があると考えられる項目を表示しています。

①先取り・仕掛け

自組織だけでなく、より広く事業全体、会社全体の戦略や今置かれている環境を見渡して、次にどのような仕事に着手するべきか、どのような活動が価値を持つのか、それを前もって考えておくということです。「何をすべきか（WHAT）」を問うので、リーダーシップの領域とマネジメントの領域の境界線にあるJAです。

たとえば来期にやるべきことを考えて、上司の先手をとってその仕事を推進し、問題提起をしておけば、その結果として自組織の目標として下りてくることになります。昇進を狙うマネジャーにとっては、ひとつ上の役割も担う準備ができているというアピールにもなるでしょう。

なかなかできている人は少ないのですが、これができるかできないかは、イノベーションや業績などに大きな影響を与えます。

実践度 低　**主成果** イノベーション、業績

②期待値調整

目標には常に交渉の余地があります。言われた目標を唯々諾々と受け取ることだけで称賛されるわけではありません。言われた目標は拒絶せず引き受けるという美意識を持っている人もいるかもしれませんが、それでは部下が過剰労働になってしまいますし、結果として達成できなければ、かえって失望を招き、無責任な仕事になってしまいます。無理があるならば、交渉して目標の質や量、期限などを調整することもマネジャーの大事な仕事だと思います。期待値調整はコンサルタントとして生計を立てている人には不可欠な基本技術です。

期待されることはうれしいことですが、過剰な期待を引き受けることは別問題です。

実践度 低　**主成果** 業績

③俯瞰的理解

自組織の目標を全社・部門全体と関連付けて理解しておくことです。表面的な指標にとらわれずに、より本質を見据えて仕事を進めることができます。何が大事かを理解していれば、想定外の出来事にも適切に対処できるため、円滑な業務推進に役立つでしょう。

部下の仕事の成果を客観的に評価することにも貢献しますし、最後に加筆修正して仕事を仕上げるときにも、何をすればより良い成果になるかが見えているので、業績を高めやすくなります。

実践度 中　**主成果** 業績

④ジョブ・クラフティング

ジョブ・クラフティング[*23]とは、課せられた目標を自らの言葉で表現し直して、自己決定するということです。やらされる目標ではなく、自分で決めた目標だと考え方を転換することになります。自己決定感は自分自身へのエンパワーメントになります。

またジョブ・クラフティングの過程で、仕事に適切な肉付けをすることや、新たな意味を見出すことにもなります。

上司から言われた目標をそのまま部下に伝えても、迫力がありません。部下をモチベートするためにも、一旦自分の言葉に翻訳して、自分事として目標を語れるようにしておくことです[*24]。

実践度 低　**主成果** 業績

---

23 2001年にイェール大学のE.レズネスキーとミシガン大学のJ.E.ダットンが提唱した概念

24 例としてよく引用されるエピソードに、レンガを積んでいる石工に「何をしているのか」と尋ねたところ、一人目の石工は「親方の命令でレンガを積んでいる」と答え、二人目は「レンガを積んで塀をつくっている」と答えたが、三人目の石工は「たくさんの人たちがお祈りにくる大聖堂をつくっている」と答えた、というものがある。同じ仕事をしていても、仕事の解釈によって働きがいは全く異なるということ

⑤職務リスト化

組織全体で当該期間に取り組むべき職務を一つひとつリストアップしておくことです。

ここで言う職務とはタスクと呼び換えてもいいのですが、できるだけ細かくリスト化しておくことがポイントです。リスト化しながら、仕事の進め方の道筋を練るのです。難易度や優先度などに目安をつけておくとさらにいいでしょう。

ときには戦力とのバランスで職務総量が多すぎるので、次の期にまわすなどの調整が発生するかもしれません。

慣れてくると頭の中で大まかに処理するようになりますが、マネジメント経験が浅い段階では実際に書き出してみることをお勧めします。

実践度 低　**主成果** 効率

⑥職務廃止

職務の中には、長く継続しているものもあります。その中には開始した当初の目的はおおむね達成していて意味合いが薄れているものや、慣習でやっているものの、やめても大きな問題がなさそうな職務もあります。

仕事は放置しておけば増殖するという性格を持っているため、現場のマネジャーが「これは、もうやめる」という判断をしないと、労働時間が際限なく増えてしまいます。

必要に応じて上司や関連部署と調整を図りながら、職務廃止の決断をするとよいでしょう。

特に管理部門や公務のマネジャーには必須のJAです。

実践度 低　**主成果** 効率

⑦成功ポイントと障害の想定

組織としての目標を達成するために、成功ポイントとなることや障害となりそうなことをイメージしておきます。いわゆる「勘所」を見極めるということです。

「イメージできないものはマネージできない」という言葉がありますが、

どこが勘所かわかっていなければ、行き当たりばったりの対応になってしまい、失敗に終わる危険や遠回りしてスピードが遅くなる可能性があります。

実践度 高　主成果 業績、効率

⑧下地づくり

仕事を進めるための環境整備です。たとえば、関連部署と打ち合わせをして協力体制をつくっておくことや、あらかじめ外注先などを手配しておくことなどがこれに相当します。

準備できるものは準備しておくということです。

昔ながらの言葉で「根回し」と言ってしまうと、悪いイメージが伴いますが、高い業績を上げるためには準備は不可欠です。⑦の成功ポイントと障害の想定がここへつながってきます。

実践度 中　主成果 業績

以上が目標設定段階のJAになります。この段階ではまだ部下が登場していません。マネジャー自身の個人業務の段階のポイントということになります。

いずれも業績、効率、イノベーションを左右するとても大事な段階なのです。

(2) 職務分担

第2段階は狭義のジョブ・アサインメントにあたる「職務分担」です。組織として取り組むべき職務を部下に割り振ります。

⑨分配戦略

職務を割り振るうえでの戦略や方針を決めます。

多くのマネジャーはプレイングマネジャーですから、まず決めるべきことは自分自身が何を担当し、何を部下に任せるかということです。このとき部下の手がまわらないところを補うという発想ではなく、自分にしかできないことを担うことが大事です（第1章で既述）。

部下に割り振るときも、仕事に重なりができないように全員にきれいに割り振るのか、それとも少し重ねて割り振って、協力や競争を促すのか。考えどころは多様にあります。

テクニックが求められるJAであり、業績や効率を大きく左右するJAです。

実践度 低　**主成果** 業績、効率

⑩職務の再編と統合

職務をリスト化したものをいくつかの道筋で組み直します。すでに不要な職務は廃止しているという前提です。

ひとりが担当している仕事（ここではJOBと呼びます）はいくつかの職務（ここではタスクと呼びます）によって構成されています。たとえばアパレルの販売員の仕事（JOB）は、接客、仕入れ、清掃、レジ、顧客情報管理、ディスプレイなどの複数のタスクの集合体です。もしも販売員の労働時間を短縮するならば、そのなかのひとつのタスク（たとえば清掃）を切り出してシングルタスク化して、別の短時間パートタイマーを雇い入れて任せるということができます。

一方、現在担当してもらっているJOBに新たなタスクを加えてさらに頑張ってもらうというマルチタスク化の方向もあるでしょう。

JOBは固定的なものではありません。そこにメスを入れることで、労働力不足に対処することもできますし、労働時間を削減することもできます。制約を持った多様な人材に活躍してもらうこともできるでしょう。職務の再編と統合は、職務廃止や特定の職務の自動化（代表的にはRPA；ロボティクス・プロセス・オートメーションなどの活用があります）などと合わせて、「タスク・マネジメント」と呼ばれ、働き方改革を進める切り札になっています。

図表3-2に方法を整理したので確認してください。

実践度 低　**主成果** 効率

⑪ストレッチ

部下の中には順調に成長を続けている人や、毎期目標を達成し続けている

図表3-2　職務の再編と統合

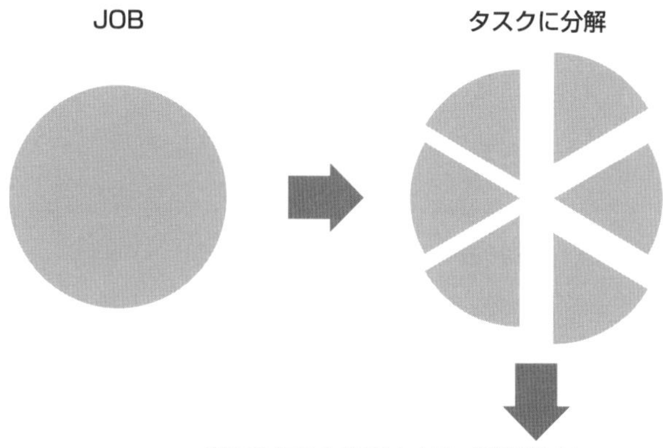

a．特定のタスクを廃止する（職務廃止）
b．特定のタスクをテクノロジーにより自動化（無人化）する
c．特定のタスクを他の戦力（短時間パートタイマーや外注先）に任せる
d．ひとつのタスクを複数人で担当する
e．ひとりの担当タスクを増やす（マルチタスク化）
f．タスクを組み換える（たとえば、高度な技術や知識が必要なタスク群とそうでないタスク群に分けて担当者を変える等）

人もいるでしょう。そのような人に対して、背伸びしなければ達成できない難易度の高い目標を与えて、ひと皮むける成長を促すことも人材育成の方法として有効です。

一般にストレッチと呼びますが、もともとはGE（ゼネラル・エレクトリック社）が使い始めた言葉で人事の分野では広く知られている考え方です。

難易度の高い目標を与えるのですから、そう簡単には達成できません。仮に達成できなかったとしても、「まだ自分の力が足りない」という気付きを与える効果があります。

人は同じペースで成長するわけではありません。急成長するときもあれば、踊り場状態になることもあります。ストレッチはマネジメントによって意図的に修羅場をつくり、急成長を促す手法なのです。順調に成長している人材だから効果的なのであって、自信を失っている人にストレッチしてしまうとつぶしてしまうことになりかねないので注意が必要です。

ストレッチのひとつとして、イノベーションテーマをアサインするという方法もあります。かなり高度なマネジメントなのでベテランのマネジャーや部長級以上のマネジャーでなければ難しいかもしれませんが、全社で検討されているような新しいサービス・商品・技術開発を有望な部下に託すということです。もちろん部下ひとりでやり切ることは難しいので適切に支援が必要ですが、最近はJAをスタートにしてイノベーションが生まれるというケースも増えてきているようです[*25]。

実践度 低　主成果 イノベーション、人材育成

⑫最適マッチング

JAの中のJAが最適マッチングです。

それぞれの部下の知識、経験、スキルや、志向、適性などと照らし合わせて、職務と担当者をベストマッチさせていくマネジメントです。

最適マッチングを行うためには、あらかじめ部下一人ひとりの情報をきちんと把握しておくことが不可欠です。

最適マッチングは原則であり、例外もあります。それは、あえて経験が浅い部下にやらせてみて経験の幅を広げさせるようなケースがこれにあたります。業績や効率を考えれば最適マッチングは重要なポイントですが、人材育成やモチベーションの目的で少しひねった判断もあるかもしれません。

実践度 中　主成果 業績　＊その他幅広い効果があります

⑬手上げ誘導

それぞれの職務を誰が担当するかということについては、上司が決めて指示することが一般的ですが、ときには、部下自らがその職務を担当したいと申し出てくるように仕向けるという高度なテクニックを使うこともあります。これを「手上げ誘導」と言います。実践しているのはほぼベテランのマネジャーです。

具体的には、追加的に発生した職務や緊急で上から下りてきた職務などの

---

25 リクルートワークス研究所「イノベーターはどこにいる？」(2014年) などを参照

場合になるでしょうが、それを、希望者を募って割り振るのです。うまいマネジャーは、サインを送りながら「私にやらせてください」と言わせてしまうものです。

指示された職務よりも、自分から求めた職務のほうが、取り組み意欲が高まりますし、自分自身でやるべき仕事を決めていくという行動はプロフェッショナルとしての道を歩むうえで必要な、仕事のオーナーシップにつながるものです。

ちょっとしたマネジメントの工夫で大きな効果を生む代表例と言えます。

実践度 低　主成果 人材育成

⑭意義付け

部下が担当する職務について、その職務の自部門における意義や価値などを納得して進められるように説明するということです。目標設定段階の俯瞰的理解やジョブ・クラフティングを踏まえて行えると効果的です。

一般に経験年数が浅いほど担当職務が全体の中のどのような位置を占めているのか理解していません。この仕事の顧客は誰か？　誰のためになる仕事なのか？　それがきちんと理解できれば、おのずと意欲も高まり、仕事の質も上がるでしょう。

ただ「やれ」と指示するだけでは、特に若い世代の人たちは動きません。多くの人は納得しているからこそ頑張れるのです。

実践度 中　主成果 人材育成

⑮工数・納期管理

それぞれの職務に必要な時間・工数を部下と協議のうえ、あらかじめ決めて仕事を任せるということです。

このJAの意味合いは、単純に効率よく進めて納期を守るということもありますが、それだけではありません。工数を決めることで、仕事の大きさ・範囲に関する上司と部下の間の齟齬をなくすという意味も大きいのです。

工数をあいまいなままにしておいて、部下が予想外の取り組みをして、単純なはずの仕事を大仕事にしてしまっていたという経験はないでしょうか。

これは【1】目標設定にあった期待値調整に通じるものです。上司との間で期待値調整をしたように、部下との間でも期待値を合わせておくことで無駄が削減されるのです。

実践度 低　主成果 効率

⑯権限委譲

仕事を任せるときに、こまめに進捗状況の報告をしてもらいたいものと、勘所をすり合わせたうえであとは一任するものとを明確に分けて、それを伝えるということです。

権限委譲するべきものは権限委譲することで、マネジャー自身の仕事を減らし、委任された部下も自分の判断で進められるため業務効率が上がるのです。

働き方改革の一環でテレワークが促進されていますが、テレワーク活用の制度があったからといって、すべての社員がテレワークできているわけではありません。上司とその仕事の目的や大まかな方向性が確認されたうえで、権限委譲されたときにはじめてテレワークという働き方がより効率的な働き方になるのです。仕事の判断を自分自身でできる状態にないと、テレワークの場合すぐに仕事が止まってしまうので非効率になってしまうということです。

また、権限委譲するということは部下を信頼していることを示す行為にもなりますので、うまくやればモチベーションの向上につながります。ただし、なんでも権限委譲してよいというわけではありません。たとえば派遣社員の部下に対して他部署との交渉を伴う仕事で「あとは自分で判断して進めてくれ」と言ったら、それは権限委譲ではなく責任転嫁です。適切な範囲で適切な対象者に対して権限委譲することが肝心です。

実践度 低　主成果 効率

以上が第2段階のJAになります。人選して具体的に仕事をオファーするという重要な段階です。

職務分担の話をマネジメント研修の場ですると、「すでに職務分担は決まっていて、それを動かすことはあまりないのだが、そのときはどうしたらよいか」という質問を受けることがあります。

この質問に対する回答をしておきましょう。

まず第1には、それでも職務分担の機会はあるということです。イレギュラーな職務が発生しない職場というのは皆無でしょうし、継続している業務のほかにプロジェクト的に動く仕事もあるでしょう。人事異動によって職務分担の見直しが発生することもあるはずです。そうでなくても、職務分担を見直すことに、業績や効率向上、人材育成の機会が潜んでいると考えてみてください。「すでに決まっている」という見方はマネジメントそのものを小さくしてしまいます。

第2には、職務は決まっていてもテーマをアサインするという方法があるということです。たとえば特定の顧客を担当している営業職であれば、職務はたしかに固定しているかもしれません。しかし、担当顧客に対して、新しい商品を売り込むとか、信頼関係のパイプを太くするとか、テーマはいくらでも設定できるはずです。

このテーマをアサインするという考え方はプロの育成に大きな効果を生みます。またベテラン社員のマネジメントにおいても、ともにテーマを考えることでチームの一体感を醸成できるでしょう。そこまで視界を広げてJAをとらえていただければと思います。

(3) 達成支援

職務分担が終わると、達成支援の段階に入ります。ここではマネジャーは仕事を一旦手離して、部下の仕事ぶりを見ながら側面支援をするということになります。

⑰進捗管理（モニタリング）

上司としては、部下に任せた仕事が予定どおりに進んでいるか、大まかにでも把握しておかなければなりません。もしも進捗状況が全くわかっていないとすれば、それは単なる「丸投げ」です。丸投げとは上司としてそこに存在している意味がないということ。進捗管理＝モニタリングは重視してください。

進捗管理でポイントとなるのは、「適切な方法で」モニタリングするということです。日本の組織には報告・連絡・相談という「報連相（ほうれんそう）」の習慣が根付いていますが、これを多用するとマイナスの影響が出てきます。報連相を前提にすると、仕事のはじめに決めておくべきゴールがあいまいなままスタートすることになり、部下からすると報告するたびにゴールが動いていくという感覚を持ちます。これは育成上も望ましいことではなく、効率も上がりません。そもそも報告のためにアポを入れることでロスタイムが発生しますし、報告のための準備をするという手間も発生します。

そこで、その他のモニタリング方法を組み合わせて適切に効率よく行いたいのです。

理想は部下が進捗を報告するための新たな作業が発生しない形でのモニタリングです。ICTを活用して進捗状況が可視化されていると効率がいいですし、正確にモニタリングできます。

その他マネジメント上の工夫ということでは、「歩き回り型」や「情報交換型」があります。

歩き回り型とは、読んで字のごとくですが、部下のデスク周りをぶらぶらと歩きながら、仕事の進捗状況を観察によって把握する方法です。うまく進んでいない仕事がどこで躓いているのか、意外にわかるものです。歩き回り型には別の利点もあります。それはリスクを早めに察知するということ。このあたりはベテランマネジャーの芸域ですが、従業員の会話などから、危険なことが起こっていると感じることができます。特に人間関係のトラブルなどが見えますので試してみるとよいでしょう。

情報交換型とは、こちらから有益な参考情報を提供し、部下からも進捗状況を聞くという方法です。準備いらずで、しかも上司として側面支援ができる良い方法だと思います。外国人など、報連相を嫌う人にはこの形式がいいかもしれません。

実践度 中　**主成果** 効率、業績

⑱見守り

部下の仕事を少し離れたところから温かく見守る、ということです。第2章でお話しした原理原則にもあった項目です。

進捗が多少遅れていても、大きく方向がずれていなければ、そして納期が間に合わないという状況でなければ、忍耐強く我慢して口を出さないほうがいいのです。つい細かいところが気になってしまう悪い癖を持っているマネジャーもいると思いますが、これをやってしまうと効率にも人材育成にもマイナスです。マネジャーはマネジャーの仕事をするべきであり、部下の仕事に参加するようになると、仕事を抱え込んで自分の首を絞めていくことになります。

研修の場で、見守りと丸投げはどこが違うのか？　と聞かれたことがあります。違いはモニタリングをしていたかどうかが大きいのですが、事前にきちんと期待の言葉をかけているか、事後に仕事の成果を具体的に褒めているか、なども丸投げとの違いになるでしょう。

実践度 低　**主成果** 人材育成

⑲リアルタイム・フィードバック

進捗状況を見て、順調に進んでいるときに、簡単で肯定的な評価をして、前へ進めることを促すのがリアルタイム・フィードバックというJAです。

承認のサインを出してあげることで、部下はこれでいいのだと安心しますし、その後の進捗にも拍車がかかるのです。

「いい感じだね」「その調子」など、簡単な言葉でいいので、特にテクニックは必要ありません。習慣としてできればいいと思います。

実践度 低　**主成果** 効率

⑳課題の予見

経験豊かなマネジャーであれば、部下に任せた仕事のモニタリングの中で、この先壁にぶつかりそうだ、とか、○○さんを説得するのに手間取るだ

ろう、という先々の課題が見えるのではないでしょうか。

そのような課題を部下よりも先に予見し、必要であれば手を打っておくというようなことがこのJAです。少々高度なマネジメントスキルといってよいでしょう。

イノベーションのような難易度が高く大きなテーマの場合は、上司の予見と陰ながらの支援が欠かせません。逆に言えば、課題を予見して支援することを前提に、部下に難易度の高いストレッチした職務を任せるということができます。

目標設定の「成功ポイントと障害の想定」が期初に行うイメージングであるのに対して、こちらは日常・個別の支援準備になります。

実践度 低　**主成果** イノベーション、業績

㉑側面支援

達成支援の主たる方法は側面支援です。

マネジャーが前面に出るのではなく、陰から部下の職務完遂を支えるのです。具体的には、部下の求めに応じてアドバイスをするとか（部下の求めに応じて、というところが重要です）、顧客と合意に至らず困っているときに、知っている顧客であれば一本電話するとか、そのようなことです。

リーダーシップの領域では、サーバント・リーダーシップという、部下を前に立てて後方からリードする方法が共感を得ていますが、マネジメントにおいてもぐいぐい引っ張るというイメージよりは、部下の背中を押して前に出すようなマネジメントが求められるようになってきました。

実践度 高　**主成果** 業績

㉒育成的支援

これはまだ、独り立ちしていない部下に対するマネジメントの話です。

新入社員を預かったとき、１年目からせいぜい３年目までの間に行うことです。

何をするのかと言えば、独り立ちの儀式のようなもので、そろそろというときに一人前の重要な仕事を任せて、途中で苦しむときがあれば、こっそり

と側面支援をして仕事を完遂させてあげるということです。

本人が全力で取り組んだ結果として期待どおりの成果が出せたという経験は、上司の支援などすっかり忘れて、自信になることでしょう。それでいいのです。そして仕事に一生懸命向き合い成果を出すことで「仕事は面白い」という貴重な価値観を得ることにもなります。

上司単独というよりは、周りにいる先輩社員と連携して、このような経験の機会をつくってあげるといいでしょう。

実践度 高　主成果 人材育成

㉓軌道修正

明らかに期待と異なる方向に進んでいるときには、軌道修正をする必要があります。

あまりに早すぎると見守りになりませんし、遅すぎると納期に間に合わなくなりますから、タイミングが重要です。

多くの場合、設定した目標に対する理解不足や遂行するうえで起こった問題への対処を誤ったことが原因なので、なぜ軌道がずれてしまったのか、その原因を意識しながら、元のラインに戻していきます。できる限り部下との共同作業でやることが望ましく、それができれば信頼関係を強化することになりますが、一方的にやると崩れてしまうことにもなるので、配慮が必要です。

実践度 高　主成果 効率

㉔引き取り

部下だけでは解決が難しいような深刻な事態に陥った場合は、マネジャーが引き上げて自らの責任において対処します。このような引き取りは、深刻な状況では、致し方ないことですが、たびたびこのような事態になるとすれば、それは、この段階に至るまでのマネジメントに問題があると考えなければなりません。

このJAだけは他の項目と趣が異なり、できる限り発生させたくないJAなのです。

緊急避難にはなりますが、効率にも、人材育成にも、そして部下のモチベーションという観点からもマイナスに作用します。

実践度 高　**主成果** 業績　＊ただしマイナス効果あり

以上が第３段階である達成支援のJAです。側面支援という、いかにも今日的なマネジメントの姿を象徴する段階です。

⑷　仕上検証

最終段階は仕上げと検証です。最後をしっかりと締めくくって、次へとつなげていく段階です。

㉕加筆修正

仕事の最終段階でさらにもう一段階仕事の質が高くなるようにひと手間加えるということです。

中国の故事に「画竜点睛」がありますが、まさにそのようなイメージです。中国、梁の張僧繇（ちょうそうよう）が、安楽寺の壁に描いた竜にひとみを入れたら、たちまち雲に乗って昇天したという話で、ほんの少し手を加えることで全体が引き締まるというような意味です。

画竜点睛のためには、マネジャー自身がその道のプロであることが必要になりますが、そのほかの加筆修正の道もあります。たとえば部下の仕事を他者の仕事と組み合わせることでより認められる成果に仕立てるような場合です。こちらはマネジャーの人的ネットワークが活きてくるかもしれません。

実践度 低　**主成果** 業績

㉖完了確認

文字どおり、仕事の完了を部下とともに確認するということです。仕事には「やめ時」というものがあります。いつまでも手離れせずに動かしていると、業績につながらない時間の浪費になってしまいます。ときには「ここまで」とマネジャーがけじめをつけて、次の仕事に向かうよう指示することがあってもいいでしょう。

完了を確認する方法として、打ち上げを開いて労うというのも有効でしょう。特にチームリーダーとして中核を担った部下をメンバーがいる前で労い、感謝の言葉を述べるような場にすれば組織内の人間関係も良くなります。

そして気持ちよく次の仕事に集中してもらうのです。

実践度 高　**主成果** 効率

㉗ディスクローズ

素晴らしい仕事を仕上げてくれた部下がいたときに、マネジャーの管理している組織の外で、仕事の成果を広く紹介するということです。

たとえば社内報に働きかけて掲載してもらうとか、上席に対して本人同席で報告する場を設けるとか、関連する他部署で勉強会を企画するとか、社外広報に協力を求めて雑誌や新聞の取材を受けさせるなどの方法があります。

成果が広く発信されることで、本人だけでは気付かなかった活用法が見えてくることもありますし、名前が売れれば、その後昇進昇格の議論をするときの下地にもなります。

これは部下をタレント人材として育成することにもつながるでしょう。注目されれば仕事に対するこだわりや意欲に進化が出てくるはずです。その意味では人材育成にもつながるでしょう。

実践度 高　**主成果** イノベーション、人材育成

㉘反響フィードバック

完了して部下の手を離れた仕事が、その後どのように活かされて、どのような評価が出ているのかを追いかけ、担当者である部下に知らせてあげるということです。

これは職務分担の意義付けにもつながることですが、すべての職務は大きな全体の一部を構成しているものなので、その全体から見たときにどのような価値を生んでいるのかをリアルに伝えてあげることができれば、仕事の視野が広がり、仕事の達成感や満足度が大きくなります。

リクルートワークス研究所には「ドミノの１枚目を倒す」という言葉があります。自分たちの研究成果が社会を動かし、良い方向に変化することへの

貢献ができたときにドミノを倒したと言うのです。これは所内では最高の評価であり褒め言葉です。担当職務と社会がつながれば、人事考課以上に大きな報酬を社会から受けることができるのではないでしょうか。

実践度 低　主成果 人材育成

㉙質と効率の評価

完了した仕事について正当に評価するということです。

そのためには仕事を見る確かな目を持っていなければならないので、プロとしてのマネジャー自身が試される場でもあります。

基本的には人事考課の場面になりますが、それだけではありません。きちんと褒めるということは、すでにマネジメントコミュニケーションの原理原則でも解説したとおり、とても重要なマネジメントですから、人事考課以外の機会でも、良い仕事をしたときには、皆の前で大いに称賛してあげればよいと思います。

加えてもうひとつ重要なことは、評価をするうえで、効率も評価項目に加えるということです。同じアウトプットであれば短い時間で仕上げた人のほうが評価は高くあってしかるべきです。ここを評価し忘れると、生産性高く、効率良く働こうという意識が定着しません。

実践度 高　主成果 効率

㉚成果検証

良い成果を上げた仕事について、なぜうまくいったのかを部下とともに振り返るということです。

たとえば、自分の仕事を語るというような学習の場を開いて、自慢話として成功の秘訣を語ってもらうような演出もあるかもしれません。成功事例は他者に影響を与えて、次の新しい動きを誘発する効果があります。

より簡単には、高い評価をした人事考課のフィードバックのときに、「何が良かったと思う？」と聞いてみることです。マネジャーから聞かれれば、適切な回答をしようと考えるでしょう。この振り返りが次の機会につながり、ときにはノウハウとなって蓄積されるのです。

実践度 高　**主成果** イノベーション

㉛改善指導

反対にうまくいかなかった仕事があったときには、なぜうまくいかなかったのかを部下とともに振り返ることです。

これは次に向けて改善できることを見つけて次回は失敗しないと心に決めさせる効果があります。人材育成のためにはとても大事なマネジメントだと言えます。

ただ叱るというのではありません。より良い方法を一緒に考えるというスタンスが理想です。

実践度 中　**主成果** 人材育成

㉜内省

部下に振り返りを求めるだけでなく、マネジャー自身も一連のJAについて振り返ります。典型的には引き取りのようなJAの失敗があったときには、どこに課題があったのか考える必要があるのです。

そうでなくてもマネジメントにはこれでいいということがありません。マネジメントがうまいベテランのマネジャーでも常に改善・進化しています。

そして業績、効率、人材育成、イノベーション、さらにはモチベーションなども含めてより良いマネジメントを目指して振り返り、反省をすれば、その姿勢は自然と部下にも伝わるでしょう。

内省の機会としては、多面観察（360度サーベイ）などの機会もあります。マネジャーの思いや行動がどのくらい部下に伝わっているか、いないかを知る貴重な機会ですから、内省にうまく使えばよいと思います。

実践度 低　**主成果** 業績

以上が第４段階のJAである仕上検証です。第３段階の達成支援はマネジャーが前面には出ないところであり、第１段階の目標設定も部下からは見えにくいところなので、第２段階と第４段階で挟むようにして、部下に信頼される関係を築いていただきたいと思います。

3. ジョブ・アサインメント（JA）と成果との関係

JAの項目は４×８＝32に集約されていますが、その一つひとつが業績向上、効率向上、人材育成、イノベーション促進につながっていて、日常のマネジメントサイクルをまわすだけで、多様な成果が期待できるようになっています。

ここでJAの項目と主たる成果との関係を整理しておきたいと思います。

再確認ですが、成果は短期業績である「業績」「効率」、中長期業績である「人材育成」「イノベーション」で表現しています。それに加えて、短期業績・中長期業績向上につながるものとして「モチベーション向上」についても触れておきたいと思います。

⑴ 業績向上のためには

業績向上を主成果とするJAは以下のとおりでした。

「①先取り・仕掛け、②期待値調整、③俯瞰的理解、④ジョブ・クラフティング、⑦成功ポイントと障害の想定、⑧下地づくり、⑨分配戦略、⑫最適マッチング、⑰進捗管理（モニタリング）、⑳課題の予見、㉑側面支援、㉔引き取り、㉕加筆修正、㉜内省」

これらを見渡してみて、業績向上につながるマネジメントとはどのようなものか、改めて考えてみたいと思います。

私には大きく２つの特徴が見えます。

①抱え込まない

ひとつは「抱え込まない」ということです。

最適マッチングをして、進捗管理をしつつ、側面支援に徹する、という姿が浮かびます。

実際には多くの（プレイング）マネジャーが、こだわりたい仕事を手元において自分自身でこなし、部下に任せた仕事についてもつい細かい部分に関与してしまい、結局忙しい状態を自分自身でつくってしまって業績が上がらずに頭を抱えているのではないでしょうか。

自分ひとりでできることは限られています。組織力を最大限に活かして、部下の力を信じて、しっかりと割り振り、時間に少し余裕を持たせておいて、部下の仕事の側面支援にまわるというくらいが業績向上には望ましいのだと思います。

②見えないところを大事にする

もうひとつは「見えないところを大事にする」ということです。

期待値調整、俯瞰的理解、ジョブ・クラフティング、下地づくりや内省などは、いずれも外からは見えない地味な仕事です。全く華やかさはないのだけれど、派手なパフォーマンスをするよりも、陰の努力を惜しまない人が高い業績を上げ続けられるのだと思います。

また、側面支援から加筆修正に至る、部下を前面に立てて、自分は後ろから支えるというような動き方もたいへん地味ですが、業績をつくることにつながります。外からも、ときには部下からも見えない部分でしっかりとしたマネジメントスキルやプロとしての専門性を発揮できる人が業績を上げられるのです。

⑵ 効率向上のためには

効率向上を主成果とするJAは以下のとおりでした。

「⑤職務リスト化、⑥職務廃止、⑦成功ポイントと障害の想定、⑨分配戦略、⑩職務の再編と統合、⑮工数・納期管理、⑯権限委譲、⑰進捗管理（モニタリング）、⑲リアルタイム・フィードバック、㉓軌道修正、㉖完了確認、㉙質と効率の評価」

これらを見渡したときに、やはり２つの特徴が浮かんできます。

①無理・無駄を省く

ひとつは「無理・無駄を省く」ということです。

効率向上のために無駄を省くというと当たり前のことに聞こえるでしょう

が、マネジメントでそれをやるためにはスキルが必要です。

具体的には、職務単位に仕事を細分化してみて、無理・無駄がないように、仕事をコントロールしてゆくということです。職務リスト化、職務廃止、職務の再編と統合などの「タスク・マネジメント」が働き方改革を進めるうえで重要なマネジメントになっているということは、すでに述べましたが、仕事と職務の全体像は見えていて、計画的に進められるようになってこそ、無駄は省けるのです。そして、成功ポイントと障害の想定に象徴されるように、勘所が見えているから、試行錯誤をいたずらに増やさずに、ゴールに向かっていけるということです。

②投入時間にこだわる

もうひとつは「投入時間にこだわる」ということです。

工数・納期管理を、仕事を割り振る段階で行い、仕上がった状態では、質と効率の評価を行う。これを繰り返すことで、部下に「効率よく仕事を行う」習慣を持ってもらうようにしてゆくのです。これまで多くの職場では成果にはこだわっても、どれだけの時間をかけて仕上げたかにはこだわっていませんでした。人事考課にまでしっかり効率の評価を反映して、効率よく仕事をすることが業績のひとつであることをメッセージしてください。

(3) 人材育成のためには

人材育成を主成果とするJAは以下のとおりでした。

「⑪ストレッチ、⑬手上げ誘導、⑭意義付け、⑱見守り、㉒育成的支援、㉗ディスクローズ、㉘反響フィードバック、㉛改善指導」

もちろんこれ以外のJAも人材育成につながる側面を持っていて、「⑯権限委譲、㉚成果検証」なども人材育成につながります。

①任せて任せず

ひとつは「任せて任せず」ということです。

松下幸之助の哲学として紹介した言葉をそのままここでも引用させてもらいましたが、マネジメントコミュニケーションの第4原則である「期待して、任せて、見守る」ということが、ぴったりと人材育成につながるJAを説明しています。

信頼して仕事を任せなければ人は育ちません。そして辛抱強く見守り、改善すべきところが見えれば、あとで指導すればよいでしょう。

②外の視界を提供する

もうひとつは「外の視界を提供する」ということです。

意義付けや反響フィードバックに代表されることですが、人が成長するためには、自らの仕事を客観的に見ることが必要です。仕事に着手する段階で、この仕事は全体のどこを担っているのだろうか、どのような役割を負っているのだろうか、ということを理解し、事後には、結果としてどのような大きな成果につながっていったのかを知ることで、自らの仕事を客観的に見ることができるようになります。マネジャーはそれを助けることができるのです。

そしてこの２つはマネジャー自身の成長にもつながります。

期待して、任せて、見守ることは、自分自身で成果を上げる段階から、他者を通じて成果を上げる段階へのトランジションです。このパラダイムシフトが成長を促進します。

意義付けは俯瞰的理解やジョブ・クラフティングから派生するものであり、マネジャー自身が自組織の仕事を客観的に見なければできることではありません。反響フィードバックも、自組織の仕事のその後を気にかけていなければ、部下に情報提供することができないでしょう。

部下の成長のため、そして自らの成長のため、この2つのポイントをぜひ記憶しておいてください。

⑷　イノベーション促進のためには

イノベーションを主成果とするJAは以下のとおりでした。

「①先取り・仕掛け、⑪ストレッチ、⑬手上げ誘導、⑳課題の予見、㉗ディスクローズ、㉚成果検証」

イノベーションといっても改善レベルのものから、大きな変革といえるものまで、さまざまにあります。JAの分析から見出されたイノベーションを生むマネジメントの特徴は、主に改善レベルのものです。なぜなら変革レベルのイノベーションは簡単に生まれるものではなく、統計分析することは量的に難しいからです。改善レベルという前提でイメージしてみてください。

①先手を取る

ひとつには「先手を取る」ということです。

先取り・仕掛けや、課題の予見に象徴されるように、半歩先を見通したマネジメント（ここにはリーダーシップもからみます）ができているときに改善・改革が進みます。日常的な情報収集や、仕事上の関係者との対話から、次に起こりそうなことを想像しておくのです。一歩先ではなく半歩先。ほんの少しの違いがイノベーションを生むのです。

②部下を舞台に上げる

もうひとつは「部下を舞台に上げる」ということです。

イノベーションの促進をマネジメントの視点からとらえるならば、部下をスターにすることだと言ってもいいでしょう。イノベーションにつながるテーマを部下にタイミング良くアサインすることです。難易度は相当に高いですから、これはストレッチに該当するアサインになるでしょう。あるいは部下から担当したいと申し出るような手上げ誘導をして、大仕事に挑戦する空気をつくっておくのです。そして課題の予見に基づいて側面支援し、完成した成果はディスクローズして、独り歩きさせます。筋が良いものであれば、イノベーションの種は多くの人を刺激し、多様なビジネスの芽を出していくことになるでしょう。

成果検証では、優れた改善を行った部下に成果発表の機会を与えることで舞台に上げるマネジメントのひとつになります。

⑸　モチベーション向上のためには

４つの成果とJAの関係についての解説は以上ですが、最後に部下の意欲（モチベーション）をいかに上げるかということに言及しておきたいと思います。

部下の意欲を高めるということはマネジメントの「目的」ではありません。いくつかのマネジメントのテキストには、マネジメントの最大の目的であるかのように書いてありますが、モチベートすることは業績を高める手段であり、マネジメントの目的にしてしまってはいけないと私は考えています。

実は、モチベーションを高めることにつながるJAもわかっています。

「⑪ストレッチ、⑫最適マッチング、⑬手上げ誘導、⑭意義付け、⑯権限委譲、㉗ディスクローズ、㉘反響フィードバック」

ここにも2つの特徴が見出せます。

①機会を与える

ひとつは「機会を与える」ということです。

仕事をアサインすること自体が機会を与えることなのですが、少し演出を加えないと、部下から見て機会を与えてもらったという認識には至りません。ストレッチ、最適マッチング、手上げ誘導、権限委譲などが、演出の切り口になります。新しい仕事でワクワクするとか、期待してもらっていると感じるとか、個性や強みをわかってくれていると感じるとか、信頼して任せてくれていると感じるなどの、気持ちの動きがあってこそ、モチベーションが上がるのです。

②貢献を称える

もうひとつは「貢献を称える」ということです。

いい仕事をしていてもめったに褒められることがないという人はたくさんいると思います。できて当たり前、できなければ叱られる、ということではモチベーションは上がりません。

ディスクローズや反響フィードバックというJAを通じて、うまく褒めてください。マネジメントコミュニケーションの原則でも、「しっかり褒める」という要素がありました。人前で、具体的に褒める、ということがポイントでしたが、ディスクローズは「人前で」につながり、反響フィードバックは「具体的に」につながります。

本来、評価の機会ということでは、「㉙質と効率の評価」がありますが、人事考課というよりはそれ以外の場での称賛のほうがモチベーションには効果があると思っています。

実は人事考課はかならずしもモチベ―ションにはつながらないのです。心理学では「ポジティブ・イリュージョン」と言いますが、正当な客観評価よりも、自己評価のほうが一般的に高いため、ふつうに評価すれば、むしろ過半の人は不満に感じてしまうのです。

最近では「NO RATING」といって、人事考課を廃止するような動きも出てきているように、目標管理制度と人事考課は大きな課題に直面しているのです。

このようなジョブ・アサインメントの勘所と期待効果の関係を頭に入れていくとマネジメントスキルを大きく向上させることができると思います。

図表3-3に整理したので身近に置いておいてください。

図表3-3　ジョブ・アサインメントの多様な効果

目的	テーマ	JA項目
業績向上	抱え込まない	⑫最適マッチング ⑰進捗管理 ㉑側面支援
	見えないところを大事にする	⑧下地づくり ㉕加筆修正　ほか
効率向上	無理・無駄を省く	⑥職務廃止 ⑩職務の再編と統合　ほか
	投入時間にこだわる	⑮工数・納期管理 ㉙質と効率の評価
人材育成	任せて任せず	⑱見守り ㉛改善指導
	外の視界を提供する	⑭意義付け ㉘反響フィードバック
イノベーション促進	先手を取る	①先取り・仕掛け ⑳課題の予見
	部下を舞台に上げる	⑪ストレッチ ⑬手上げ誘導 ㉗ディスクローズ　ほか
モチベーション向上	機会を与える	⑪ストレッチ ⑫最適マッチング ⑬手上げ誘導 ⑯権限委譲
	貢献を称える	㉗ディスクローズ ㉘反響フィードバック

第4章

ダイバーシティ&インクルージョンのマネジメント

第2章では、昔も今も変わらぬマネジメントの原理原則を確認しました。第3章ではそれを日常のマネジメントサイクルに展開したジョブ・アサインメントというフレームを紹介し、科学的な研究の結果として導き出された、効率的に短期・中長期業績を上げるマネジメントスキルについて解説を加えています。

第4章では、日常のマネジメントサイクルを離れ、多様な人材を活躍に導くためのマネジメントポイントを付加したいと思います。過去にはテーマにならなかった新しいマネジメントの視界、マネジメントの新潮流を考察していきます。

1. ダイバーシティ&インクルージョンでマネジメントが変わる

(1) ダイバーシティ経営の浸透

ダイバーシティ経営（ダイバーシティ・マネジメント）は、とても新しいコンセプトです。あなたは何年前からこの言葉を知っていたでしょうか？

ダイバーシティ経営とは、多様な人材を活かし、その能力を最大限発揮できる機会を提供することで、イノベーションを生み出し、価値創造につなげていく経営のことです[*26]。日本企業が競争力を高めていくために、必要かつ有効な戦略と定義されています。ダイバーシティ経営は、人口減少社会の中で、中小企業を中心に労働力不足対策のひとつとして進展する一方、消費意思決定者の多様化を背景にして、大企業を中心に新しいマーケティングのアプローチとして受け入れられてきました。

日本にダイバーシティ経営を浸透させるための政策として、経済産業省が展開している「ダイバーシティ経営企業100選」という表彰制度があり、2013年から毎年ベスト・プラクティスと言える企業を選出・認定していますが、私も制度発足当時から運営委員としてかかわり、多くの企業のレポートを読み、審査にあたってきました。

当初は女性活躍（ジェンダー・ダイバーシティ）に関する取り組みの事例が圧倒的に多かったのですが、障がい者、外国人、高齢者、LGBTs、キャリアや働き方の多様化、さらに一人ひとりのダイバーシティへと対象範囲も徐々に広がってきています。開始した初年度はダイバーシティ経営と言っても受賞企業すらこの言葉を認識していなかった状態でしたが、数年の間にすっかり浸透したと思います。職場の風景が変わり、重要な会議の場に当たり前に女性がいるようになりましたし、オフィスにも外国人が自然に溶け込んでいるようになりました。ただし、多くの企業は多様性を受け入れる段階

---

26 経済産業省『平成25年度 ダイバーシティ経営企業100選 ベストプラクティス集』2014年

で立ち止まっていて、それぞれの人が個性を活かして活躍するという「インクルージョン」の段階にはまだ達していないと感じます。

(2) 生産性を持続的に高めるメカニズム

ところで、ダイバーシティ経営を展開すると、本当に生産性が高まり、企業価値が向上するのでしょうか。私の答えは「一概にはなんとも言えない」です。

もちろん、ダイバーシティ経営の狙いは企業価値を向上させることです。ダイバーシティスコアが平均以下の企業ではイノベーションによる収入の割合が26%であるのに対して、平均以上の企業では45%になるという調査結果もあります[*27]。

しかし、人材が多様化するだけでは、意思疎通に時間がかかり、そのための環境整備も必要になることから、むしろコストアップ要因になってしまい、企業価値には直結しないのです。そのため、当初のダイバーシティ経営は、人材不足に悩む中小企業が苦肉の策として女性や高齢者、障がい者に目を向けることや、CSRに敏感な大企業が社会的要請に応えるために女性を差別しない環境を整えるというところからはじまったのです。

2000年頃からは少子化対策の一環として次世代育成支援政策がはじまり、出産しても仕事が続けられる職場環境を用意しようと、育児休業制度の充実などに取り組んできましたが、それだけでは女性活躍にはつながらずに、企業はむしろ生産性を落としてしまいました。なかには育児休業や育児時間を繰り返し使ってその後退職金を受け取って辞めていくという人もいて、次世代育成支援に取り組んだ先進企業ほど負担の重さに耐えきれなくなってしまいました。

そこで政府は、改めて女性の活躍に視点を置いて、女性リーダーを輩出していく施策に軸足を移していきました。女性活躍推進法がそれで、いずれの

---

27 BCG（Boston Consulting Group）調査“How Diverse Leadership Teams Boost Innovation” 2018年

会社も女性管理職比率を高めるための方法を工夫するようになりました。

育児を抱えた女性が、そうでない人々と伍して成果を競うには、働き方のルールを変えるしかありません。成果を上げるためには残業や休日出勤をいとわないという働き方が前提であれば、仕事と育児を両立する女性にとってはフェアではないからです。

つまり、女性活躍を推進しようとすれば、自然に働き方改革に歩みを進めていくことになるのです。ゲームのルールを野球からサッカーに変える。つまり決着がつくまで時間制限なくゲームを続ける野球型ではなく、45分×2という決められた時間の中で得点を競うサッカー型に変えたうえで、成果を競うようにするということです。

働き方改革の政策議論を進めている最中に、電通の過労自殺問題が起こったため、過労死をゼロにするための労働時間のあり方に関心が当たったということもありますし、それ以前から健康経営に取り組む企業が次々に名乗りを上げていたときでもあるので、働き方改革は、戦後最大の労働政策と呼ばれるほどに、大掛かりで全企業を巻き込んだものになっていきました。

しかし働き方改革もまた、それ自体はコストアップ要因であり、直ちに競争力向上になるわけではありません。

働く人々は「早く帰れと言われるため、仕事が終わらない」「残業代が減ってしまった」「早く帰ることを一律にルールで縛ることに納得できない」などの不満を抱えている状態[*28]で、働く人々の共感を得ていなかったのです。

もちろん効率よく仕事が進んで早く帰れるということは、誰もが歓迎することなので、会社と社員がWin-Winになれる道筋はあるのですが、うまくかみ合っていなかったということでしょう。それを解決する方法はただひとつ。現場のマネジメントが働き方改革に対応して変わることでした。

ここで**図表4-1**をご覧いただきましょう。これは、東証一部上場企業を対象とした調査[*29]に基づいて作成した、労働生産性が持続的に向上するための枠

---

28 リクルートワークス研究所「働き方改革に関する調査」2017年

29 リクルートワークス研究所「人材マネジメント調査」2017年を再分析したもの

図表4-1　労働生産性の持続的向上モデル

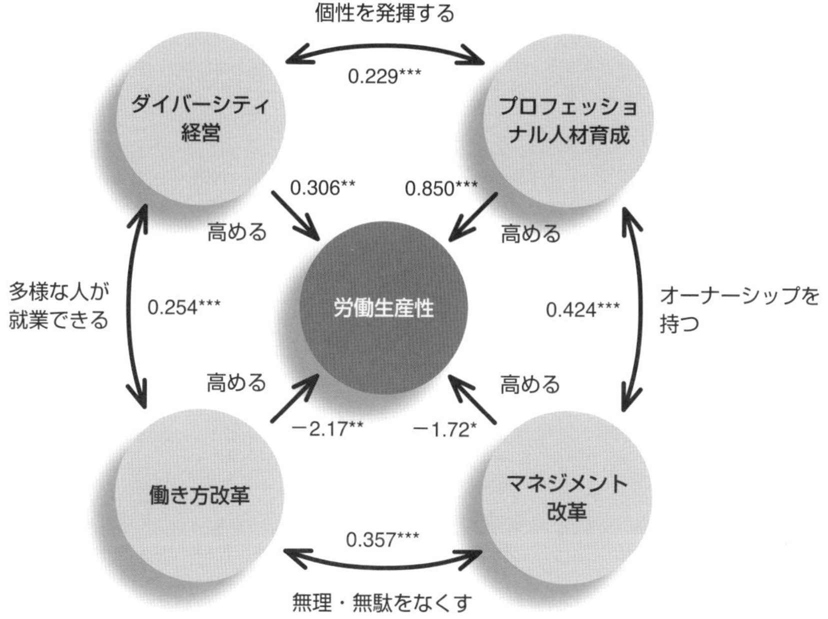

注：⟷ は相関係数、⟶ は回帰係数
*** 1％、** 5％、*10％で統計的に有意

組みを示したものです。

ダイバーシティ＆インクルージョンに取り組んでいる企業は、働き方改革にも取り組んでいることが多いものです。それを0.254という正の相関係数が示しています。多様な人がそこにいるだけでは不十分であり、多様な人が働きやすいように改革が進んでこそ、就業に参加できるようになるということです。

そして、働き方改革に取り組んでいる企業は、同時にマネジメント改革に取り組んでいることも多いのです。0.357という正の相関係数がそれを示しています。働き方改革により就業規則を変えるだけでなく、現場のマネジメント（つまり運用）もあわせて変えることで、時間効率を高め仕事の無理・無駄をなくすことができるのです。この一連の流れが働きやすさを高める道筋と言えるでしょう。マネジメント改革によって、適切にジョブ・アサインメントを行い、効率と業績と人材育成を進めることができれば、一人ひとりがそれぞれの強みを発揮して仕事をするプロフェッショナルが溢れた組織をつくることができます。

マネジメント改革に取り組む企業は、同時にプロフェッショナル人材育成にも取り組んでいることが多いのです。0.424という正の相関係数はそれを示しています。プロフェッショナルはそれぞれ自分の仕事のやり方というものを持っています。プロとしてのレベルが高まれば高まるほど、その人は個性的になっていくものです。自らの専門性や個性が発揮され、それが企業に受け入れられ、組織を構成したときに、属性にとどまらない本当の意味でのダイバーシティ＆インクルージョンが実現することになります。プロフェッショナル人材育成に取り組む企業は、同時にダイバーシティ＆インクルージョンにも取り組んでいることが多いのです。0.229という正の相関係数がそれを示しています。

これら４つの施策はそれぞれ正の相関関係があるのですが、すべてがセットで行われることで、労働生産性が向上するのです。働き方改革とマネジメント改革は効率を上げて労働時間を削減することにつながります。−2.17や−1.72という回帰係数はそれを示しています。プロフェッショナル人材育成とダイバーシティ経営は、イノベーションなどの付加価値を創出することにつながります。0.306、0.850という回帰係数はそれを示しています。これらによって、労働生産性の分母を減らし、分子を増やすというわけです。

(3) 残された課題

問題はマネジメント改革をやり切れるか、という点です。

ダイバーシティ経営企業100選に選ばれた企業を対象に、経済産業省が残された課題を尋ねる調査を実施したことがありました。すると、多様な人材をマネジメントするスキルが課題だという回答がもっとも多く、45.4％を占めていました。

【残された課題】
①多様な人材に対するマネジメントスキル　45.4%
②中間管理職の意識　33.3%
③評価制度の未整備　19.4%
④組織風土のギャップ　16.7%
⑤女性社員自身の意識　16.7%
⑥長時間労働　14.8%
⑦働き方の選択肢不足　13.9%
⑧外部環境　10.2%
⑨経営者の意識　8.3%
⑨一般社員のスキル向上のサポート不足　8.3%

表彰企業ですらマネジメント改革が課題となっているのですから、まさしくここが勘所と言っていいのでしょう。

現場のマネジメントはそんなに簡単には変わりません。第1章でも触れたように、過去の上司のマネジメントを観察・吸収して、脈々と受け継いでいくものですから、長い時間をかけて変化していくものなのです。

それでも今マネジメントが変わらなければいけないと考えているのは、部下が多様化して、働き方が変わって、もはやマネジメントを変えなければ仕事が前に進まなくなってきているからでしょう。

マネジメント改革は残された課題ですが、時間的猶予がない切迫した課題でもあるのです。

(4)　多様な部下のマネジメント経験とストレス

職場には多様な人々が集まるようになりました。

一昔前は、新卒で入社して長期継続的に働き続ける男性正社員ばかりで、アシスタントとして事務を執る一般職の女性社員がいるという程度でしたから、その差には目を見張るものがあります。以前の職場では、マネジメントの拙さは環境がカバーしてくれました。誰もがいざとなれば際限なく残業してくれて、長い目で帳尻を合わせれば短期的には納得がいかない査定であっても受け入れてくれたのです。うまく説明できない上司のもとでは、部下が察してくれて、万事うまくいくように動いてくれました。ずいぶんマネジャーは楽をさせてもらっていたと言えるでしょう。

ところが、状況は一変して、マネジャーにとっては、しっかりとしたマネジメントを求められる厳しい環境になりました。

多様化したからといって、すべてのマネジメントが変わったというわけではありません。第２章でお話ししたマネジメントの原理原則が変わるわけではありません。むしろ原理原則に沿ったマネジメントをすることがより期待されるようになってきたと言うべきでしょう。

そして、あわせて、多様な個人を理解して、配慮・支援するマネジメントが新たに求められるようになりました。それぞれの特性について基礎知識を持ち、いつ、どのタイミングで、どのように配慮するべきかを知っておく必要があります。

マネジャーの皆さんに調査[*30]をすると、多様な部下のマネジメント経験は年々広がってきていますが、手慣れない対象者の場合は、マネジメントストレスも感じているようです。

ひとつ前提として言えるのは、いずれの対象者に対しても、ジョブ・アサインメントが難しいということがストレスの原因となっているということです。**図表4-2**にあるように、対象者別に何が難しいかを尋ねているのですが、共通項として、「職務の設計・割り当て」や「業務上の指示・命令」というジョブ・アサインメントが出てきます。

それは、ジョブ・アサインメントそのもののスキルが不十分であることと、対象者ごとの特性を十分に理解していないことからくるものでしょう。

そのことを頭に置いておいてください。

---

30 リクルートワークス研究所「マネジメント行動に関する調査」2017年、2018年。困難に感じるポイントと非正規雇用の経験・ストレスは2017年調査の結果

図表4-2　マネジメント対象者別 困難に感じるポイント

	困難に感じるポイント（共通項目）	困難に感じるポイント（特徴項目）
メンタル	○職務の設計・割り当て ○業務上の指示・命令 ジョブ・アサインメント	職場の人間関係やチームワーク編成
発達障害		仕事の進捗状況の把握
LGBTs		個人的事情のヒアリング
60歳以上		人事評価やフィードバック
障害者		能力開発やキャリア支援
外国人		職場の人間関係やチームワーク編成
育児両立		一般的知識の不足
非正規		能力開発やキャリア支援
介護両立		職場の人間関係やチームワーク編成

2. インクルージョンを実現するマネジメント

それでは、対象ごとに、どのようなマネジメントポイントがあるのか考えてみたいと思います。なおそれぞれの冒頭には調査により判明した現段階における経験を持つマネジャーの比率とストレスを感じるとしたマネジャーの比率を示しておきました。

(1) 非正規雇用者

経験を有する 70%　ストレスを感じる 38%

1990年代から非正規雇用で働く人の比率が急速に増えてきました。その中心はパートタイマーとして働く主婦層です。彼女たちは、家計の補助となる所得を求めて、また社会とのつながりを求めて、家事や育児の時間を除く残された時間に仕事の場に出てきます。

基本的には長期にわったって働き続ける人が多いのが特徴で、経験を重ねるにつれて貴重な戦力になっていきます。特にサービス業では依存度が高く、パートタイマーの人たちがいないと店が開けられないという会社も多いはずです。

70%のマネジャーがすでにマネジメントを経験しているので、マネジメントポイントも浸透しているかもしれませんが、改めて整理しておきましょう。

◆ひとりの部下として尊重する

当然のことですが、正社員と区別せずに自分の部下として同じように大事にするということです。これは年齢が上の人ほどできていないように思います。「パートさん」「派遣さん」などの雇用形態で呼ぶことや、「うちの女の子に取りに行かせます」のような言い方をクライアントにすることは絶対にいけません。きちんと名前を覚えないのは、マネジメント云々という前に、人としての礼儀に反しています。

また、ロッカーがない、全員参加のはずの懇親会に声をかけられない、など組織の一員として認めていないような扱いもタブーです。

◆心理的報酬

正社員は無期雇用なので長期的にバランスが取れればいいのですが、有期雇用はその期間ごとに評価と報酬が釣り合っていなければなりません。良い仕事には正当な評価で応えましょう。

さらに、一般的にパートタイマーの報酬は正社員と比べて安いので、よく頑張ったときには、経済的報酬だけではなく、心理的報酬も大事です。たとえば意識的に労いの言葉をかけ、感謝の態度を示すなど、習慣的に行いたいものです。

さらに、パートタイマーとして長く働いてくれる人には、職場型モチベーションの強い人が多いものです。職場に仲の良い人がいることや、人間関係が円満であることがモチベーションの源泉になっているということです。ギスギスした職場で我慢して働く動機はありません。そもそも複雑な人間関係が嫌で非正規雇用を選んでいる人もいるくらいですので、職場の人間関係が円満であるようにマネジャーが配慮することは、最大の環境整備となるでしょう。

◆パートタイマーにはさまざまな「壁」がある

皆さんの部下には主婦パートの人もいるかもしれません。

その場合、いくつもの「壁」が存在していることを理解しておかないと、年末になって戦力不足の苦境に至る可能性があります。

ひとつは税金の壁です。

妻の収入が150万円を超えると段階的に配偶者特別控除が減り、201万円以上になると控除がなくなります。これは所得税法改正以前に103万円の壁と呼ばれていたものですが、150万円に改正されました。改正によって壁は低くなりましたが、今でも意識している人は多いようです。

第2には社会保険の壁です。

収入が106万円を超えると、社会保険に加入することになります[*31]。給料の中から、厚生年金、健康保険を負担することになるのですが、東京都の場合、月９万円（年収108万円）で、約18万円の負担になりますから、これはとても大きなインパクトです。

さらに第３には扶養手当の壁があります。

配偶者の会社から支給される扶養手当は、103万円を超えるとなくなるというルールになっていることが多いはずです。会社によって支給額は異なりますが、仮に15,000円とすれば年18万円の所得減ですから、これも大きいです。

主婦が家計を補助するためにパートタイム労働をしている場合、常に世帯としての損得を意識しています。中途半端に収入が増えると、損をすることになりますので、年末のもっとも忙しい時期に、計画的に労働時間を減らしたり休んだりという調整を行うことになります。損を承知で働くことを求めるわけにはいきませんので、マネジャーは、制度と給料のことをよく理解して、備えておく必要があるでしょう。

◆労働法の知識は必須

非正規雇用で働く部下を持つマネジャーには関連する労働法の知識が必要不可欠です。労働法はなかなか難しい法律なのですが、これを知らないとマネジメントができません。

まず、パートタイマーなどの有期雇用契約で働く人を部下に持つマネジャーは「５年ルール」をしっかりと頭に入れておいてください。これは労働契約法改正[*32]により生まれたルールで、簡単に言えば、パートタイマーは通算５年を超えて働くと「無期転換申込権」が発生するということです。無期雇用に転換してくださいという申し込みがあった場合には企業側はこれを断わることができません。

無期雇用と正社員は同じではありません（ここが複雑です）。パートタイマーが５年を超えたからといって、正社員に自動的になれるというわけで

---

31 正社員が501人以上、収入月88,000円以上、雇用期間が１年以上、所定労働時間が週20時間以上、学生でない、という条件を満たす場合

32 労働契約法第18条。施行日は平成25年４月１日であり、この日以降の有期労働契約が「通算契約期間」としてカウントされる

はなく、雇い止めの心配がない無期雇用になれるということです。これに伴い、多くの企業では無期雇用の新しいコースをつくったのではないでしょうか。また、一部の企業では、この機会に正社員に登用する道を開いたところもあるようです。

マネジャーは自社の制度をしっかりと理解したうえで、部下の中に満5年を迎える人がいるかどうか確認しておく必要があります。そのうえでこの機会により重要な戦力となるように、キャリアを支援するスタンスで部下の相談に乗ってあげるとよいでしょう。

一方、派遣社員を対象とした「3年ルール」というものもあります。労働者派遣法のルールで、派遣労働者は3年を超えて同じ部署で働き続けることはできないのです。3年というのはあっという間ですから、せっかく仕事を覚えて活躍してくれるようになったのに…と思うことも多いでしょう。続けて働いてもらう場合は、正社員・契約社員・無期雇用派遣社員など、雇用形態を切り替えないといけません。会社の方針を踏まえて、マネジャーが仲立ちとなって調整する必要があります。

5年ルールと3年ルール。どちらも知らないでは済まない大事なルールです。

◆業務委託・フリーランサー

今後、雇用関係のない業務委託契約で働く人も増えてきそうです。いわゆるフリーランサーの人ですが、同じチームに入って一緒に仕事をすることはもはや珍しくなくなりました。

業務委託のマネジメントのポイントは日常的な指示・命令をしないということです。はじめの段階で十分に打ち合わせをしたら、あとのプロセスは委託して、結果を受け取るという形になります。

プロセスについて指示命令すると労働者性があるとみなされ、労働基準法の適用を免れる違法行為と判断されることもあるからです。業務委託者は部下ではなく、対等な関係でお願いする外部パートナーです。相手は共感するから仕事をしてくれるのであって、嫌なら離れていきます。直接雇用の人よりも厳格なコミュニケーションが求められると思います。

(2) 仕事と育児の両立支援

経験を有する 53%　ストレスを感じる 40%

部下から受ける妊娠の報告、そして育児休業から復帰へと続く道。すでに半数以上のマネジャーが経験しているマネジメントです。

女性の部下を持てば、どこかで出産から育児というイベントを迎える可能性があります。現在では、妊娠・出産で仕事を辞めることよりも、産前産後休暇・育児休業を取って復帰するというのがスタンダードなキャリアパスとなってきています。

少し前までは「M字型曲線」といって、出産を機に離職する女性が多く、復職するまでの間、数年から十数年仕事を離れるため、ミドル層の女性の就業率が低くなっていたのですが、ほぼM字型が消えるところまで進化してきました。たいへん素晴らしいことだと思いますが、仕事と育児を両立する女性に活躍してもらうには、少しばかりマネジメントの知識やスキルが必要になります。

◆妊娠の報告を受ける

スタートは突然やってきます。妊娠報告のために別室に呼ばれるのです。このとき部下はたいてい２つの思いを持っています。ひとつは子どもができたことの喜びの気持ち、もうひとつは会社に迷惑をかけるという申し訳ない気持ちです。その女性社員に期待をかけているほど、戦力として見込んでいるほど、妊娠の報告は、マネジャーにとってショックです。「戦力の穴をどうやって埋めようか」という思いや、「せっかく管理職に上げようと準備していたのに」という思いが巡って、つい渋い顔をしてしまいがちです。それでも報告を聞いたときは、おめでたい話なのですから、部下の気持ちを考慮して「おめでとう」という言葉を第一声にしてください。ここで渋い顔を見せてしまうと、その後子どもに関することはマネジャーに言いにくくなり、その部下とは心理的距離があいてしまうことになるからです。

◆マタニティ・ハラスメント

もちろんマタニティ・ハラスメントは厳禁です。妊娠等を理由に不利益な取り扱いをすることは、男女雇用機会均等法（第９条）や育児介護休業法（第10条）で禁止されています。「育休取るなら辞めてもらう」とか、「これで管理職昇進はなくなったな」とか、絶対に口にしてはいけません。ハラスメントにならないよう、知識を持っておくことが大事です。

また男性に対して育児休業を理由にした不利益な取り扱いをすることや就業環境を害する言動も「パタニティ・ハラスメント」と呼ばれて新たなハラスメントとして問題視されていますから注意してください。「男性のくせに育休取るなんてどういうことか」など冗談でも言ってはいけません。

◆出産までの仕事面の配慮

妊娠初期から安定期に入るまでは、外見からはわかりにくいものの、流産の危険性が高く、つわりが辛い人もいます。辛さを訴えるようでしたら、満員電車での通勤を避けられるよう時差出勤を認めてあげるなどの配慮をしてあげるとよいでしょう。

妊娠４、５か月で安定期に入りますが、その後も個人差があり、体調不良が続く人もいますので、何かあったら遠慮なく相談するように伝えておくとよいでしょう。その他、過剰な残業のないような対応をしたり、定期的な健診の時間的配慮をしたりということが期待されます。

◆とても重要なキャリア支援

今後のキャリアプランに対し、積極的に相談に乗ってあげることはとても大事なことです。復帰後、仕事をどうするのかについては、まず本人の意向を聞いて対応してください。現職復帰が大前提となりますが、希望によっては、人事異動の支援をしていくこともあります。ただし、相手の意向を聞かずに、良かれと思って軽い仕事に代わることを勧めるのはやめてください。

はじめての出産のときは、どんな女性でも不安になります。このまま仕事を続けられるのか自信がなくなり、家族からも心配されているときに、軽い仕事を勧められると、ついその気になってしまうものです。いわゆる「マミー・トラック[*33]」と言われる問題で、どんなに能力のある女性でも、軽い仕事に代わってしまうとその後のキャリアを停滞させてしまうことになります。あくまでも本人が選んだキャリアを支援するというスタンスが必要です。

また、復帰のタイミングについては、話し合って調整を図ることです。保育所に入所できるタイミングがありますので、一方的に決めることは難しいと考えてください。

◆時間を惜しむ感覚を活かす

育児と仕事の両立をはじめてからは、時間に追われる状態になり、時間感覚が大きく変わってきます。子どもの迎えがあれば、定時に帰らなければなりません。昼間の限られた時間で効率的に仕事を片付けたいという思いが強くなり、無理・無駄に目がいくようになります。

これは逆に働き方改革のチャンスだと考えて、仕事と育児を両立するようになった人の声に耳を傾け、すべての人の無理・無駄をなくすよう、ルールを変えてみるといいでしょう。たとえば、夜の会議をやめるとか、手待ち時間を減らすための仕事の見直しをするとか、自分で判断できる仕事を増やす、テレワークを活用するなど、切り口は多々あります。

◆育休を取得した女性が昇進昇格で不利にならないようにする

そして、育児休業を取った女性が昇進昇格で不利にならないよう、マネジャーが動くことも重要です。「育児休業を取ったから昇進は当分ない」というような決めつけをしないことです。出産時の直属の上司は、その女性のキャリアに良くも悪くも大きな影響を与えます。ある意味、やりがいのあるマネジメントだと思いますし、腕の見せどころだと思います。

(3) 仕事と介護の両立支援

経験を有する 22%　**ストレスを感じる** 37%

高齢社会になり、親の介護を抱える社員は増加傾向にあります。すでに50

33 反対は「ファスト・トラック」（出世コース）

代社員の10人に１人は親の介護を抱えているとの調査結果もありますし、30代・40代の社員でも親の介護を担っている人がいて、誰もが直面する問題となっています。

親の介護は、働き盛りの世代を直撃するので、介護によって離職に至ると、会社としても重要な戦力を失うことになります。初期の段階において、いかにマネジメントで支えるか、これは大切な問題です。

◆隠れ介護を生み出さない

最初に知っておいていただきたいのは、雇用者の実に43％が、親を介護している事実を会社には伝えていない[*34]ということです。これを「隠れ介護」と言います。

介護には終わりがないため、もしも会社にそのことを伝えると、重要な仕事を任せてもらえなくなるとか、昇進に影響するといった不安がよぎるのでしょう。

特に、プライベートと仕事は別問題だという考えが強い上司のもとでは、隠れ介護になりやすい傾向があります。隠れ介護を続けていると、周囲の協力も得られず、会社の制度を利用することもできないため、突然の離職に至る可能性が高まります。介護をしている雇用者239万人のうち制度利用者は37万人にすぎないというデータもあるほどです。

普段から「介護は誰にでも訪れるものであり、会社にも支援制度があるので遠慮なく相談してほしい」というメッセージを発信しておくことで隠れ介護を未然に防ぐことができます。

年間に介護離職する人は約10万人にのぼります[*35]が、マネジャーの支援次第でとめることができるのです。まずは隠れ介護を生まないマネジメントを心がけてください。

◆初期パニック

親の介護は心の準備をする暇なく突然にやってきます。両親が元気なうち

---

34 リクルートワークス研究所「全国就業実態パネル調査」2018年
35 総務省「就業構造基本調査」2017年

に会話をしておいて、介護が必要になったときの介護の方法などについて想定しておくことが理想ですが、現実には、準備ができないうちにその日がきてしまう人が多いと思います。

この突然性が、多くの人をパニックに陥らせ、冷静な判断をできなくしてしまうのです。介護に関する情報もなく、相談先もわからず、優先順位が付けられずに焦っているときですから、無理もありませんが、親に対する愛情や使命感が強ければ強いほど、「自分がなんとかしなければ」と考えがちです。そして、自分が自宅で介護するには離職しかないと考えはじめます。

こうした状況を乗り越えるために、マネジャーの果たす役割は大きいのです。

部下の親が突然倒れて介護を抱えたと聞いたら、初期パニックの状態を想定して対応してください。マネジャーは、会社の相談窓口や制度を紹介することができます。また、詳細に状況を聞くことで、勤務時間の変更や柔軟な休みの取得に便宜を図ることができます。ジョブ・アサインメントにより仕事の負荷調整をすることも可能です。そして何より、この時点での離職のデメリット[*36]をマネジャーから伝えることで、介護離職を防止できるかもしれません。

介護が突然訪れやすいということは、部下からの相談も、突然受ける可能性が高いことを意味します。いつどこで相談されてもいいように、あらかじめ基礎的な知識を得ておくことが必要です。

◆介護に対する基礎知識

実際の介護で発生するさまざまな問題については、マネジャーが専門性を持つというよりは、専門家につないであげることでいいでしょう。会社によっては外部の専門家に相談できるようなサービスを用意しているケースもありますので、会社としての取り組みを把握しておくことは大切です。

---

36 介護離職によって収入がなくなり、ひと段落がついてからの再就職には年齢的に苦労する人が多いこと。慣れない介護を自分で行おうとすることで、慢性的な腰痛や疲労感を抱えるようになること。周囲とのかかわりが減り社会的に孤立しやすいことなど

一方で、介護休業制度と介護保険制度等のごく基本的なことについては理解しておく必要があります。

◆介護休業制度

育児介護休業法により「介護休業制度」や「介護休暇制度」が定められています。これは、要介護状態にある家族を介護する労働者が利用するために、企業に義務付けられているものです。

よく誤解されることですが、この制度は、本人が介護するために取得するのではなく、これから長く続く介護について、どのように介護体制をつくり実行していくかという、プランを立てるために取得するものです。

親の介護というと暗いイメージが付きまといますが、実は「ケア・プロデューサー」とでも呼ぶべきものなのです。親のニーズや志向を把握して、社会サービスを最大限に使いこなして、介護対象者の自立を妨げないように、できないことだけをサポートするというプランをつくります。人とお金と企画を動かすことなので、会社で仕事をしている人には馴染みやすいのではないでしょうか。

「介護休業」は、要介護状態の家族ひとりにつき3回まで分割して取得でき、通算して93日を限度に仕事を休むことができます。「介護休暇」は、対象家族が1人の場合は年に5日まで、2人以上であれば年に10日まで介護の必要がある日に半日単位で仕事を休めます。

その他にも、「時短勤務制度等」「勤務制限」もあります。「時短勤務制度等」は、介護の必要がある従業員の時短勤務やフレックスタイム制度、時差出勤制度、介護費用の援助措置などです。「勤務制限」は、1か月に24時間、1年に150時間を超える時間外労働を制限し、午後10時以降の深夜残業を禁止しています。その他、転勤の配慮、制度の申し出による解雇の禁止なども、育児・介護休業法により定められています。

また、介護休業が取れる期間の延長、取得頻度の増加、フレックスタイムでの就業など、企業独自の取り組みを追加的に実施している場合もありますので、事前に会社の制度を確認しておいてください。

◆介護保険制度

介護が必要になったときに、いちばん身近で介護に関する全般的な相談を受けてもらえる先が「地域包括支援センター」です。ここで介護保険の申請ができます。

地域包括支援センターは、中学校区に１か所程度配置され、介護の相談、ケアプランの作成、社会サービスとの連携、予防活動などを提供しています。相談は、介護をする人ではなく介護対象者（部下の親など）が住む地域のセンターを利用しますが、場所は自治体のホームページで確認できます。

介護保険の申請と審査により、要介護度等（介護度）と呼ばれる介護のステージが認定されます。ステージは、要支援１、２、要介護１、２、３、４、５の７段階に分かれ、要介護５がいちばん重くなります。介護保険が認定されると、ステージごとに月間で利用できる限度額が決まり、介護サービスを利用する場合は利用額の１～３割を個人が負担し、残りを介護保険で賄うことになります。

介護サービスは、在宅介護の場合は、訪問介護やデイサービス、ショートステイなどを組み合わせて利用します。施設入所の場合は、介護度により入所できる施設や費用が変わります。

要支援１、２は地域包括支援センターが、要介護１、２、３、４、５は、ケアマネジャーが介護サービスをどう組み合わせていくかを一緒に考えていきます。

◆介護保険外サービス

介護保険が適用されないサービス、つまり自己負担になるサービスの中にも、仕事との両立を図るうえでたいへん便利なものがあります。視野に入れておくといいでしょう。

たとえば、市町村独自のサービスとして、配食、寝具の丸洗いや乾燥、ゴミ個別収集、移動や送迎、出張ヘアカット、緊急通報などがありますので、居住する自治体に確認してみることをお勧めします。

介護サービス事業者も保険外サービスとして、大掃除や庭木の手入れなどを提供しているところもあります。シルバー人材センターに頼めば、窓ガラス拭き、留守番、見守り、話し相手などの家事・福祉サービスを提供してくれます。社会福祉協議会の高齢者支援サービスでは、１時間800円から1000円程度で、家事支援や通院介助を行っています。

その他、少し視界を広げて見渡すことで、それほど高額ではない負担で、介護サービスの範囲を広げることができるのです。これらをうまく利用しないと、仕事の時間を削って自ら担わなければならなくなります。

詳細まで理解しておく必要はありませんが、そのようなサービスもあるということだけ頭に入れておいてください。

◆支援と配慮

初期パニックを乗り越えても、親の介護はいつ終わるかわからないままに続きます。マネジャーは、介護の状況などを個別面談のときなどに部下に聞いてみるとよいでしょう。

図表4-3　介護離職につながる７つの兆候

1	長期隠れ介護	昇進やリストラなどへの影響を心配し、長期にわたり介護していることを会社に隠し続けている状態
2	初期パニック	親が倒れたり、介護が必要となったことが急にわかったとき、知識も情報源もなく不安が募る状態
3	余命宣告	持病の悪化などにより医師から親の余命をを宣告され、残された時間を一緒にいようか迷う状態
4	認知症重症化	徘徊して警察から連絡が入る、ボヤ騒ぎが起きるなど、認知症による周辺症状が顕著になった状態
5	介護度急転	車いすの生活や寝たきりなど、日常生活動作の急激な変化を目の当たりにして親の生活を心配する状態
6	片親の死	老老介護状態だった親の、どちらか一方の死亡、入院などにより、残された親を心配する状態
7	多重介護	夫婦双方の親の複数介護や、子育てと親の同時介護などで、仕事の両立が不安になる状態

出所：株式会社インクルージョンオフィスが運営するワークライフ・コンサルティング・ネットワーク「WOLI（ウォリ）」に寄せられた相談を分析したもの

特に離職に至る可能性が高い兆候が見えたときには、丁寧に耳を傾け、制度活用を促すことや、勤務状況を配慮するといった支援が必要です。

図表4-3は介護離職につながる兆候をまとめたものです。隠れ介護や初期パニック以外にも、親が余命宣告を受けたとき、認知症が重症化したとき、介護度が急に変化したとき、片親が死亡したとき、複数介護や同時介護状態になったときなど、離職が頭をよぎることになります。

部下に直接かかわることができるマネジャーが、介護の基本知識やマネジメントスキルを身に付けることは、介護離職のリスクを大幅に減らすことにつながると考えます。

(4) 高齢者

経験を有する 42%　ストレスを感じる 75%

◆高齢者雇用の増加

高年齢者雇用安定法の改正によって、65歳に達するまでの雇用機会の確保が企業に義務付けられました。定年の引き上げか、継続雇用制度の導入か、定年廃止かを企業は選択することになりますが、圧倒的に多くの企業が継続雇用制度の導入を選び[*37]、希望者全員を定年後に有期雇用者として雇用しています。そのため、皆さんの会社でも、ふつうに60歳定年を超えて会社に残っている人がいると思います。

このような人たちは、すでに役職には就いておらず、プレイヤーとして働いていることが多いでしょう。そのため、マネジャーのもとにひとりの部下として勤務しているのではないかと思います。

それ以外にも、50代の社員を中途採用する会社が増えてきているため、そのような人も職場に配属されてきているかもしれません。主に人材不足に対処するためで、若手や中堅の即戦力を採用したいところですが、なかなか採用が叶わないために、比較的採用しやすい年齢層である50代に範囲を広げて

37 厚生労働省の「高年齢者の雇用状況（平成30年）」によると、65歳以上を定年にしている企業は16.1%、定年を廃止している企業は2.6%となっている

いるのです。

しかし、そのような年齢層の部下を持つマネジャーの、なんと75%が高齢者のマネジメントをストレスだと言っているのです。

それは、日本がこれまで長く年功序列であり、自分より年上の部下を持つことが少なかったために、マネジメント・ノウハウが蓄積されていないということが理由でしょう。さらに、定年を超えた人たちは第一線を退いたと自ら認識しているため、一歩引いた態度になりやすく、やる気がない、熱心に仕事に取り組まない傾向があるということも理由のひとつかもしれません。その人たちをどうモチベートし、どう評価するのか、苦戦している姿がうかがえます。

そこで、高齢者という就業者の特性をうまく活かして活躍を促す道を探ってみたいと思います。

◆アンコンシャス・バイアスを取り除く

高齢者に対して、新しいことが覚えられないとか、体力的に厳しいとか、という先入観を持っているとしたら捨てたほうがいいと思います。現在の高齢者は、昔に比べて極めて健康です。

身体能力を示す指標とされる歩く速度を測定したところ、2002年の75～79歳男性の歩く速度はその10年前の10歳若いグループとほぼ同じであり、2002年の80歳以上の女性も10年前の10歳若いグループとほぼ同じで、10年間で10歳若返っているというのです[*38]。

もちろん、高齢期になればなるほど、個人差が大きくなるため、精神面や体力面で老化している人たちもいるのですが、そのような人ばかりではないということをはっきりと認識しておかなければなりません。同じように、「高齢者は頑固で人の言うことを聞かない」とか、「フルタイムで働くことは無理」「もはや人事評価は望んでいない」「管理職はやりたがらない」などは、アンコンシャス・バイアス（無意識の偏見）だと思ったほうがいいので

---

38 桜美林大学加齢・発達研究所の鈴木隆雄所長が日本老年学会で発表した、東京都老人総合研究所（当時）が実施した歩行速度の調査

す。一部の高齢者の特性をもって、すべての高齢者を見てしまうことは、差別であり誤りだと言えるでしょう。

◆役に立ちたいという価値観

ただし、高齢になることで、発達する職業価値があることも事実です。

それは、誰かの役に立ちたいという職業価値観が強くなってくるということです。純粋に自分自身が経験して蓄積した知識や技術で社会に貢献したい、ということもありますが、誰かの役に立つことで、これまでの人生を肯定したい、という思いもあります。

たとえば、顧客の役に立つ、後輩の役に立つ、地域の役に立つ、社会の役に立つなど、そのような職業価値観を刺激する仕事をアサインすることができれば、いきいきと仕事をしてくれるに違いありません。

◆補完という側面から考える

もうひとつの大きな発想の転換は、高齢者を個として考えるのではなく組み合わせで考えてみるということです。

北欧のあるスーパーでは、若手と高齢者がチームをつくって運営をしているそうです。若手は商品のディスプレイなど体力を必要とする仕事を中心的に担い、高齢者は、顧客対応などを中心に担っているのですが、それぞれの強みを活かした補完関係が成り立っているため、最適なチームが完成しているというのです。人件費も適正で、離職率も低く、顧客満足度も高いというわけです。

若い人たちは、高齢者から多くの知見を受け継ぎ、成長していくことになります。高齢者も、若い人たちと一緒に仕事をすることで元気をもらい楽しく仕事ができるということです。

高齢者の代わりに若い人を雇うというような代替関係で考えるのではなく、高齢者と若い人を組み合わせて補完的に考えるという、発想の転換です。

◆高齢者は頼られたい

さらにもうひとつ。高齢者を頼る、というマネジメントを意識してみてはどうでしょうか。誰かの役に立つという志向を刺激して、マネジャーであるあなたのために、役に立ってもらうという発想です。

マネジャーとして自分が不十分な部分を、高齢者に補ってもらうようにすれば、高齢者との人間関係は良くなる可能性が高まると思います。

図表4-4に示したように、高齢期になると仕事のレベルは現状維持か、もしくはダウンしてしまい、仕事の負荷も低下していきます。

高齢だという理由で期待値が下がってしまうのであれば、意欲も能力も高くならないのは当然です。もっと期待していいのだと思います。

図表4-4　高齢者が担当する仕事の負担とレベル

◆前年と比べて仕事がレベルアップ／レベルダウンした人の割合

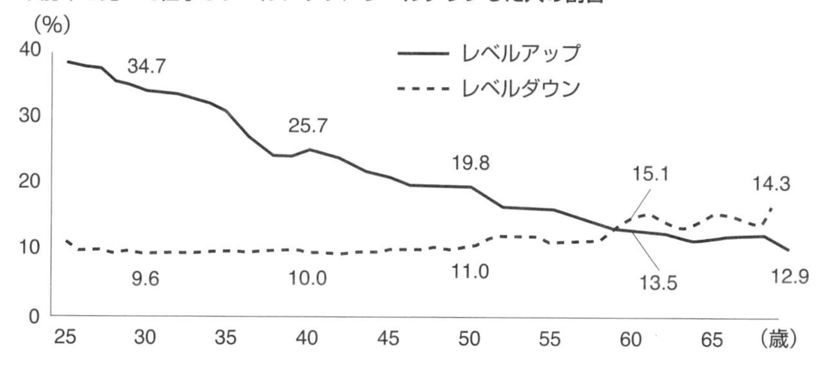

◆仕事の負荷が高い人の割合

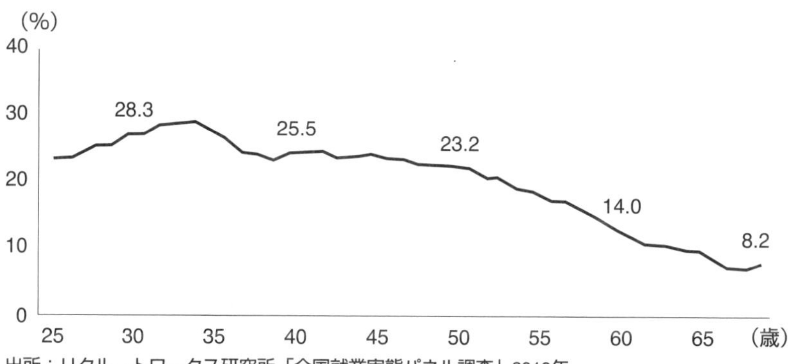

出所：リクルートワークス研究所「全国就業実態パネル調査」2019年

◆人間関係のケアが高齢者を活躍させる

高齢者を中途採用した企業に対して実施した調査では、高齢者の入社後に職場の人間関係がうまくいくようにケアしていた事業所で、高齢者が活躍していたことがわかっています。もともと高齢者の6割は、プロレベルの専門性を持っていると自認していることがわかっています。高齢者がもっとも仕事において活かしたいと思っている基礎力は、「他者との信頼関係をつくる力」ですので、それを踏まえた受け入れを職場で整えることができれば、高齢者は活躍してくれるのです。

今のところ、ストレス75%が示すように、高齢者のマネジメントをうまくできていないマネジャーが多いようですから、以上の観点を踏まえて、高齢者がいきいきと働ける職場づくりにチャレンジしてみてください。

(5) 外国人

経験を有する 14%　ストレスを感じる 40%

外国人のマネジメントと、日本人のマネジメントは同じか違うかということは、よく論点となるテーマです。私は基本的には同じだと思っています。

今回、第2章や第3章で書いているような、マネジメントの原理原則、効率的なマネジメントサイクルなどは外国人にもそのまま、あてはまると思います。

ではなぜ、うまくいかないのかというと、日本の方がハイコンテクストな文化なので、必要なことをわかりやすく説明しなくても済んでしまうからでしょう。マネジメントの面倒な部分を省略して楽をしてきたとも言えるかもしれません。その分、実は日本人相手でも多くの無駄が発生していたのだと思います。

第2章や第3章に書いたことは、誰にでも通用するマネジメントですので、それを正しくやれば、当然に外国人にも通用するということです。

◆具体的で明確な指示

たとえば「このデータを綺麗にまとめてください」と指示を出したとしま

す。おそらくこの指示で上がってきた資料は、日本人であれ外国人であれ、多くのマネジャーにとって不満なものだと思います。「期待していたのはこのような資料ではない」と思うのではないでしょうか。指示は「綺麗に」という抽象的なものですから、個人により基準が違います。ある人は、それを単純なわかりやすい言葉でまとめた資料と思うかもしれません。ある人は、論理的に整理された資料と思うでしょう。またある人は、イラストや図で美しくまとめた資料と思うでしょう。綺麗という言葉から想起されるものは、その人の背景にある文化によって違うので、抽象的な指示の結果として、マネジャーの文化と異なれば、不満なものが上がってくるのは当然なのです。それが外国人の場合は強調されるだけです。

外国人のマネジメンがうまくできないということは、気付いていないだけで、マネジメント全体が実はうまくいっていないのかもしれません。

外国人マネジメントのポイントは、具体的で明確な言葉で、はっきりとした指示を出すということ。これが第１のポイントです。

多くの民族が一緒に仕事をしているような、グローバル企業では当たり前に行われていることですが、多様性が低い日本の伝統的な組織においては、それが行われていなかっただけではないかと思います。

◆対話を大事に

２つ目のポイントは、価値観や方法を、命令的に一方的に押し付けないということです。

これは、仕事場面における人間関係やリーダーシップのあり方の違いに起因します。上司と部下の間には対話、コミュニケーションが必要です。そして、部下の意見に耳を傾ける態度が必要です。お互いを信頼できるという人間関係の基盤ができてはじめて、上司と部下の関係が機能しはじめるのです。

よく言われることですが、外国人は一般的に、日本的な報連相を嫌います。それは、外国人からすると、「信頼して任せてくれたはずなのに、なぜいちいち報告しなければならないのか？　自分を信頼してくれていないのではないか？」と考えるからです。

日本人は、一応上司に報告しておくほうが安心だという発想になりますが、外国人は、自分が一人の人間として尊重され、信頼されることをより重視するのです。

◆日本人化しない

３つ目は、外国人を日本人化しないということです。

多くの企業が日本の大学にきた留学生を採用しています。この人たちをうまく組織に馴染ませようとして、配属先のマネジャーの皆さんは、良かれと思って、日本のやり方に染めてしまうのです。日本に留学してきている人たちなので、日本の文化や社会に興味があり、好感を持っている人たちですから、日本のやり方を一生懸命吸収してしまいます。気が付くと、日本人よりも日本的発想をする外国人となっているわけです。

企業が外国人を採用しているのは、日本人とは違う発想を求めているからであり、ダイバーシティのために採用しているのですから、日本人化してしまっては当初の目的が達成できなくなります。違いを活かしてこそ、本当の意味での外国人らしい活躍ができるので、難しいことではありますが、もともと持っている文化を活かした仕事をアサインしてほしいと思います。

◆キャリアパスを明示する

４番目は、キャリアパスを明確にして提示してあげるということです。

国によって、仕事上で大切だと思うものはずいぶん異なります。リクルートワークス研究所が実施した「Global Career Survey」(2013年）によれば、仕事上で大切だと思うものは、日本人の場合、１位が「良好な職場の人間関係」ですが、他のすべての国では、１位は「高い賃金」です。つまり日本人が会社を辞める理由は、職場の人間関係が理由になることが多いのですが、他の国では賃金が安いことが主たる理由になります。そして、明確なキャリアパスを仕事上大切にしていて、日本人ではこれが大切だと言っている人は10.5％にすぎないのですが、中国人では、50.4％に達しています。つまり、今の仕事の延長線上に、どのようなキャリアパスを用意してくれるのか。頑張って成果を上げたら、どのような道が開けるのかを常に知りたいと思っているのです。日本人の場合は自分からそのことを聞かないでしょうが、外国人は上司から聞きたいと待っています。

そして、キャリアパスを強く意識するからこそ、予定どおりに成長しているのかとか、評価されているのかということを確認したいと思っています。外国人の部下を持つと、キャリアパスについて、上司としての説明能力を求められることになります。

⑹ 性的マイノリティ（LGBTs）

経験を有する 2％　**ストレスを感じる** 38％

2015年に全国ではじめて渋谷区が同性パートナーシップ条例を成立させたことからLGBTsの存在が広く知られるようになりました。また、男女雇用機会均等法では、職場におけるセクハラによって労働者の就業環境が害されることがないよう、企業は必要な措置を講じなければならないとして、具体的には「セクハラ指針」によって10項目の措置を示していますが、2017年改正で、LGBTsなどの性的マイノリティもセクハラの対象となる旨が明確化されました。

◆基礎知識を持つこと

マネジャーとして注意すべきことは、性的マイノリティに関する知識がないために、無意識に差別的発言をして、当事者が働きづらい環境をつくってしまうことです。企業として、すべての働く社員のモチベーションを高め、能力を最大限発揮できるような環境を整えるために、このような差別的発言によって働きづらさを感じる社員が出てしまう事態は防ぐ必要があります。

それぞれの企業では基礎知識を得るための研修等を行っていると思いますが、簡単におさらいをしておきましょう。

LGBTsとは、L＝レズビアン（女性の同性愛者）、G＝ゲイ（男性の同性愛者）、B＝バイセクシュアル（両性愛者）という性的指向と、T=トランスジェンダー（性自認の不一致／出生届に書かれた性別と一致しない、自認する性別で生きたいと思う人を広く指す言葉）という頭文字をとったものです。このほかに、Q=クエスチョニング（性自認や性的指向が定まっていない)、I＝インターセクシュアル（両性具有者)、A＝エイセクシュアル（無性愛者）などを加えて、性的マイノリティ全体をLGBTsなどと表記することがあります。

◆カミングアウト

博報堂系のLGBT総合研究所の調査によれば、LGBTに該当する人は約5.9%（レズビアン：1.70%、ゲイ：1.94%、バイセクシュアル：1.74%、トランスジェンダー：0.47%)、その他の性的マイノリティに該当する人は約2.1%、合計8.0%がLGBTsに該当するとなっています。

マネジメント経験２％という数字と大きくかけ離れていますが、それはカミングアウトしていない人が多いからでしょう。社会の差別・偏見や周囲の無理解から自分のセクシュアリティを隠さざるをえない状況をクローゼットに押し込まれている状態にたとえ「クローゼット」と言います。職場や学校でカミングアウトしている人は27.6%という報告がありますから、クローゼットの状態にある人は多いのです[*39]。すべての当事者がカミングアウトしたいわけでもありません。するか否かはあくまでも選択の自由であり、上司や他者が強要することはあってはなりません。

◆差別用語を使わない

正しい言葉選びをすることや、無自覚な差別発言をしないようにするための知識についても簡単にまとめておきます。

×ホモ→○ゲイ

×レズ→○レズビアン

×ノーマル→○ストレート

異性愛者をノーマルと呼ぶことも、同性愛者をアブノーマルと言っていることになるので不適切です。また、オカマやオナベなども差別的ととらえら

---

39 日高庸晴「LGBT当事者の意識調査―いじめ問題と職場環境等の課題」

れる言葉なので使わないように気をつけましょう。

言葉だけではなく、「恋愛は異性とするべきだ」「男（女）はこうあるべきだ」「男（女）っぽい」「男気がある」などの発言も、ジェンダーに偏見や固定観念があり、多様性受容をできない人だととらえられてしまう可能性があるため、使わないほうがいいでしょう。

◆アライになる

アライ（Ally）とは「支援者・理解者・仲間」を示す言葉です。自分自身がLGBTsかどうかに関係なく、LGBTsの権利を尊重する意思がある人を指します。

レインボーカラーバッジなどを身に着けて、Allyであるとわかるようにすることで、周囲にLGBTsに関する理解を広げることや、カミングアウトしていないLGBTs当事者が何かあったときに相談できる相手がいることを認識してもらうことができます。

安心してカミングアウトできる職場やアライを表明している人が多い職場は、13人に１人いるLGBTsにとって、働きやすい職場になると感じてもらえるでしょう。

(7) 抑うつなどのメンタル不調者

経験を有する 42%　**ストレスを感じる** 75%

働く人の誰しもが罹患する可能性がある、抑うつ状態、うつ病、適応障害といった、気分が落ち込んで活動が停滞する状態になった部下のマネジメントについて考えてみましょう。

気分の落ち込みによって、思考、行動、感情、幸福感などに影響が出てきた状態を放置すると、より本格的にメンタル疾患となり、離職や休職などの状態に至ります。

すでに42%のマネジャーがマネジメントを経験し、75%の人がストレスだと感じているわけですから、この問題にうまく対処できるかどうかは大きなテーマです。

◆ストレスは切っても切り離せないもの

厚生労働省の調査[*40]によると、現在の仕事や職業生活に関することで、強いストレスとなっていると感じる事柄がある労働者の割合は58.0%となっています。過半数の人があると回答しているのですから、もはや誰でもメンタル不調になる可能性があると言っても過言ではありません。

具体的に事柄を尋ねたところ（3つまでの複数回答）、仕事の質や量59.4%、仕事の失敗や責任の発生34.0%、対人関係（パワハラ・セクハラ含む）31.3%、地位・役割等の変化22.9%、会社の将来性22.2%、雇用の安定性13.9%、顧客や取引先からのクレーム13.1%などとなっています。

抑うつやうつと見られる場合でも、実際には適応障害と考えられるケースが少なくありません。適応障害とは、ある特定のストレスが原因で抑うつや不安などの症状が現われるもので、うつ病ほど重篤ではありませんが、適応障害の状態が長く続くとうつ病に進展してしまう可能性があります。WHO（世界保健機関）のガイドラインでは、原因となるストレスが生じてから1か月以内に発症し、ストレスが解消してから6か月以内に症状が改善するとされています。

特に、努力に見合った評価が与えられていないと感じるとき、自分が人として尊重されていないと感じるとき、望まないことをやらされていると感じるとき、こころに変化が起きるのです。

◆初期的な変化を見落とさない

メンタル不調になると以下のような異変が起こります。この段階で進展を止められるかどうかがマネジメントの肝になります。サインとなる症状には以下のようなものがあります。

①勤怠の乱れ

- 遅刻が多くなる、欠勤が増える
- 無断欠勤をする

---

40 厚生労働省「平成30年 労働安全衛生調査」

－残業している姿が苦しそうに見える

②仕事の変化

－以前であれば簡単にできていた仕事がこなせなくなる

－単純なミスが増える

－会議で集中が持続しない

－仕事の業績が急に低下する

－報告・連絡・相談がなくなる

③態度の変化

－思いつめた表情をしている、口数が減る

－食欲がなくなる

－感情の起伏が激しくなる

－服装が乱れている、汚れている

気が付いたら、まずは声をかけ、傾聴することからはじめましょう。

◆マネジャーが対処できることはたくさんある

職場でこれまで活躍してきた部下が、突然メンタルに不調を起こし、異変が見て取れるのであれば、何かの原因があるのですから、マネジャーはその原因に対処することができるはずです。迷わず介入する必要があります。

長時間労働などによる身体的な過労があるならば、それはメンタル不調を悪化させてしまうため、時間的・量的な業務軽減を行います。休日出勤、夜間勤務、出張なども、できる限りなくして就労を制限する必要があるでしょう。通常ならばこなせるであろう量の３分の２程度に減らして、ひとつのことをじっくりこなしていけるよう、マルチタクスから解放してあげることも検討すべきでしょう。

また人間関係が原因となっているならば、その相手との協働が発生しないように、仕事の組み合わせを変えてあげるとか、原因となっている顧客との折衝を別の人に任せることや、ひとりだけで担当せずに済むようにするなどの対応も効果的です。マネジャー自身がストレスの原因となっていることもありますので、冷静・客観的に見て、自分自身がそうだと思うならば、他の部下に指導を任せるなどの対処をしたほうがいいでしょう。

また、個人情報保護の観点からも、メンタルに不調をきたしているという情報は、周りの社員に漏らさないことです。病気の状況や体調をヒアリングする場合も、必ず別室に呼んで行うなど配慮してください。

◆なるべく早く産業医との接続を

できるだけ早く産業医の面談を受けるように勧めることも重要です。

会社によっては、産業カウンセラーなどの相談体制を組んでいるところもありますし、外部の専門機関とEAP（従業員支援プログラム）契約を行って、相談体制を用意している会社もあるので、そのような専門家とつなぐこともいいでしょう。

その結果、専門医の診断を勧められることもありますし、休職や勤務状態の変更という産業医の判断が出ることもありますので、その場合は、判断に従って対処することです。

労働契約法第５条に安全配慮義務という項目がありますが、「休職が必要」と主治医が診断し、産業医が判断した社員を、そのまま働かせることは重大な安全配慮義務違反に問われる可能性があります。絶対に避けなければなりません。

早期の受診や産業保健スタッフとの面談を経ておくことで、長期化する事態を回避することができるのです。

ただし、産業医面談やEAPの活用を勧めるときは、伝え方次第では、自分の仕事や存在そのものがマネジャーから否定されたと感じて傷付くこともありますので、現在の辛さから早く解放されるためには専門家を活用したほうがいいと、マネジャー自身の考えを丁寧に伝えることや、一緒に対処方法を考えていこうという姿勢をうまく伝える必要があります。

◆復職への道のりは長く辛い道

本格的にうつ病になり休職すると、復職することができたとしても、厚生労働省の調査では、１年以内の休暇再取得割合は28.3%、２年以内で37.7%となっています。

一度罹患すると、長期にわたって苦しむことになってしまうのです。
また、メンタルによる休職が発生した場合、残された人数で仕事をまわさなければならず、これまでの業績を上げることはハードになりますが、これを理由に欠員が補充されることはあまり期待できません。
いち早く兆候に気づき、適切に対処することはマネジャー自身のためにも欠かせないことなのです。

◆ラインケアということ

メンタルヘルスケアには4つの領域があります。労働者自身がストレスに気付き対処するセルフケア、マネジャーが職場環境の改善や個別の指導・相談を行うラインケア、組織内の産業保健スタッフによるケア、組織外の専門家や相談機関を活用し対策する事業場外資源ケアです。この中でもマネジャーによるラインケアは特に重要なものとされています。
4つを連動させながら、ケアを進めていけるようにリーダーシップを発揮するのはマネジャーならではの仕事です。一般に産業医は敷居が高く感じるかもしれませんが、現場のマネジャーと産業医とがうまく連携してPDCAサイクルをまわして、早期に対処するマネジメントを的確に行うことができれば、メンタルヘルスケアは難しいことではありません。

(8) 発達障害グレーゾーン

経験を有する 15%　ストレスを感じる 75%

近年、職場においても大人の発達障害に対する関心が高まっています。障害者雇用促進法の対象に精神障害のひとつとしての発達障害が加わり、診断を受けた人が障害者手帳をもらえば法定雇用率にカウントされることになったことは大きな契機です。2005年には発達障害者支援法が施行され、事業主には、発達障害者の雇用に関して有する能力を正当に評価し、適切な雇用機会を確保することが求められました。同法によって設置された発達障害者支援センターに寄せられた就労支援に関する相談は、2005年の439件から年々増加して、2017年には21,157件へと、約48倍にも増加しています。

◆発達障害の３類型

発達障害には３つの類型があります。

①自閉症スペクトラム（ASD）；「社会性の障害」「コミュニケーションの障害」「イマジネーションの障害」「感覚過敏」などがあり、他者と円滑なコミュニケーションが取れないことが多い

②注意欠陥・多動性障害（ADHD）；「不注意症状」「多動性・衝動性症状」などがあり、単純ミスを繰り返すことが多い

③学習障害（LD）；「聞く」「話す」「読む」「書く」「計算する」「推論する」能力のうち特定のものの習得と使用に著しい困難を示すことがある

これらは脳機能障害の一種であり、先天的な要素が強いものです。

職務特性との関係では、ASDは「規則性、計画性、深い専門性などが求められる設計士や研究者」「緻密な集中力を要するSEやプログラマー」「膨大なデータを扱う財務や経理、法務」などに多いと考えられ、出現率は100人に１人と言われています。ADHDは、「自主的に動きまわる営業職 」「ひらめきや企画力・行動力が求められる企画開発、デザイナー、経営者、アーティスト」などに多いと考えられ、出現率は100人に３人程度と言われています。

しかしここでは障害者としての発達障害ではなく、発達障害「傾向」を持つ定型発達の人や、発達障害の可能性を持つもののまだ医師の診断を受けていない人（以下、グレーゾーンと呼びます）のマネジメントについて考えてみたいと思います。

◆グレーゾーンは10人に１人

人事異動や昇進をきっかけに自らの発達障害の可能性が気になり、精神科を訪れる人がいます。しかし、多くの場合は、発達障害とまでは診断されず、特性の一部を持っていると指摘されるにとどまることが多いようです。このような一部の特性を持っている、もしくはある程度の特性を持っている場合を「グレーゾーン」と呼びます。

このような人々は、精神科を訪れるくらいですから、ある種の「働きづら

さ」を実感しているということです。

発達障害はスペクトラム傾向を持ちます。スペクトラムとは、あいまいな境界を持ちながら連続しているということで、発達障害と定型発達の間が明確に分かれているのではなく、グラデーションのようになっているということです。誰にでも多少の発達のばらつきはあり、グレーゾーンとされる人は10人に1人とも言われています。つまりどこの職場にも1人か2人、ごくふつうにいる人で、マネジャーから見れば部下の中に1人はそのような人がいるということです。ただし弱みを隠れた努力で補っている人が多いため、また発達障害の懸念を持っているとは上司に言っていない人が多い（クローズ就労）ため、マネジャーは気付いていない場合が多いと思います。冒頭に示したマネジメント経験率15％というのは、マネジャーもそれと気付いていないということを表わしているのだと思います。

グレーゾーンは、障害ではなく、その人の特性・個性の一部と理解するべきであり、誰もが持つ弱みのひとつが、たまたま発達障害の特性と重なっていて、そこに配慮が求められるものと理解しておくとよいでしょう。

◆事例性と疾病性

マネジメントの基本は、強みと弱みをしっかりと理解したうえで、仕事のアサインをするということです。これはすべての部下に対して言えることです。

安易に「あいつは発達障害だ」とラベリングしてはいけません。自分が受けた印象や同僚の風評をもとに、障害があるかどうかの確認をすることも適切ではありません。

産業保健の分野ではよく事例性（＝業務上の支障）と疾病性（＝疾患の有無）という区分をしますが、マネジャーが行うべきは事例性の領域の対処です。望むべき業績が上がっていない部下に改善を求めることや、周囲に悪影響を及ぼす行動を取っている部下に行動を改めるように促すことが、マネジャーの行うべきことです。それが実現できない背景に疾病があると懸念するときにはじめて、専門医の診断によって疾病性を確認するということになります。病気が原因のようだから仕方がないと勝手に考えて、問題行動を放置してはいけません。そのような対処は、部下を排除することになり、またその部下と周囲との関係性を壊してしまうことにもなります。

◆マネジメント上の配慮

ADHD傾向があると単純ミスが多くなりますが、原因はともかくとして、ミスが多いと感じる部下には、「指示を口頭ではなく紙やメールで見せる」「指示系統を一本化する」といったマネジメント上の工夫をするとよいでしょう。

ASD傾向があると感覚過敏になって、音や光に過剰に反応して仕事がやりづらいと感じる人がいますが、このような場合は、「ヘッドホンなどの使用を許す」「席を替える」などの配慮をしてあげるとよいでしょう。

報告・連絡・相談（ホウレンソウ）については、適切なタイミングが見えずに報告がないままになってしまうことがあります。マネジャーの側から、報告の頻度やタイミングを指定することや文書での報告を具体的に指示してあげるといいと思います。

部下から「発達障害の傾向があると指摘された」という報告や相談があったときには、マネジャーを信頼して協力を求めてきているのですから、これまで以上に、個人的なこだわりを許容してあげることや、仕事以外の付き合いを無理強いしないなどの配慮、職務適性を考慮した人事異動プランを本人とともに考えることなどを検討してみてください。置かれている状況をチームメンバーに周知するかどうかは本人と相談したうえで決めるなど、プライバシーに配慮することも不可欠です。

◆ハラスメントへの展開可能性

ASD傾向を持つ人の中には、ハラスメントの行為者になってしまう危険性を持つ人もいます。

能力の高い人で仕事はできるのですが、周囲のメンバーに対して、自分自身のこだわりを当然の事として押し付け、あることに向き合っているときに全く他のことに目が向かずに迷惑をかけてしまうという人がいます。ときには周囲のメンバーや部下に強く当たり、退職に追い込んでしまったり、メンタルヘルス疾患者を生み出してしまったり、ということになるのです。

そこにパーソナリティ障害による自己愛の強い傾向が加わると、自分を高く評価してくれる人とは円満に人間関係を続けられるのですが、否定されたと思うと途端に攻撃的になり、ときには全面的に上司と対決姿勢になってしまうこともあります。

このような人がひとりいると、職場が疲弊してしまいます。

マネジャーは、このようなとき、ひとりで向き合おうとせずに、他者と連携して対応してください。たとえば社内にいる保健師などの産業保健スタッフや、会社と契約している外部のEAPや産業ソーシャルワーカーなどの専門家です。また面談も1対1で行うことは避けて、上席や人事とともに話し合うようにしたほうがいいと思います。事実と認識をしっかりと切り分けて会話をすることや、感情的にならずに会話をすることが大切です。第三者を介入させることで、問題を沈静化しやすくします。

つまり、ここまで至ったなら疾病性の領域での対応につないでいく必要があるということです。気になる事案があれば、早めに上司や人事と情報共有を図りつつ、具体的なやりとりの事実を記録として残すなどの準備をしておくとよいでしょう[*41]。

---

41 さらに詳しくは、一般社団法人産業ソーシャルワーカー協会主催「職場における発達障害グレーゾーン研究会報告書」を参照

3. 1on1ミーティングで個性を見極める

多様な部下を活かすためのポイントを見てきましたが、本来、上記のような類型を超えて、すべての人それぞれに個性があり、異なる強み・弱みを持ち、異なる志向や価値観を持っているものです。一人ひとりすべて違うと思ったほうがいいでしょう。

◆価値観は実に多様である

多くのマネジャーは無意識のうちに、自分自身が持っている価値観がすべての部下の価値観と同じであるという仮定を置いてしまっていると思います。そしてそのことにあまり疑問を持つ機会がないように見えます。

理由は明白です。会社という組織はひとつのビジョンを共有して集まる集団だからです。採用時には、企業としての理念やビジョンを丁寧に伝えて、それに共感してくれる社員を集めようとします。求職者も入社したい企業かどうかを判断するときに、その企業が何を目指していて、何を良いことと考えているかを知って入社することでしょう。

しかし、一人ひとりの価値観が違うからこそ、共有する部分を大事にしようとしているのです。

長く優良企業として経営を続けている企業には、必ずと言っていいほど社員に浸透している企業理念や行動指針のようなものがあります。しかしこの企業理念や行動指針がもっとも重要な役割を発揮するのは、国内での採用ではなく海外での外国人採用なのです。国が違えば文化が違い、国民性も違い、価値観が異なります。違いが大きいからこそ、組織をつくる仲間に共通するものを大事にするのです。

つまり皆さんが預かる職場で働く人々は、会社が掲げる理念やビジョンに一定の共感を持っている人ではありますが、根底の価値観はそれぞれ異なるということです。すべてにおいて皆同じと考えるのは間違いであり危険だということになります。

◆正反対の「やりがい意識」もある

具体的な例をあげましょう。

忙しさに対する感覚ですが、忙しいと自分が仕事をしているという感覚が高まり、とてもやりがいを感じるという人がいます。暇があり、時間があくと、不安になって、物足りなさを感じてしまうのです。私の知り合いにも、スケジュールが真っ黒になっていると安心するという人がいます。白い部分があると、仕事がなくなるかもしれない、必要とされていないのではないかと余計な心配をしてしまうそうです。

反対に、忙しいといきいきと仕事ができないという人もいます。目の前のことに追われて、じっくり考えることもできずに、ただ仕事を流してしまうようになり、仕事の質に不安を感じてしまうのです。忙しいという字は心を失うと書きますが、そのとおりに、気持ちがすさんでいくと言う人もいます。アウトプットばかりでインプットがなくなり、今は良くても将来が不安だと感じる人もいるでしょう。スケジュールが真っ黒だと、逆に、自分にとって価値がある仕事、やりたい仕事の依頼が来たときにもそれに取り組むことができずストレスになってしまいます。

このように、忙しさに対する感覚をひとつ取ってみても、正反対の価値観があるのです。

仕事の見通しが立っているか、否か。これも価値観が分かれやすいテーマです。

ルーティンワークが仕事全体のどのくらいの比率のときに仕事がしやすいか。あなた自身は何パーセントくらいが適当だと考えますか？

私はほとんどゼロでも構わないほうです。飽きっぽいところがあって、同じことを延々とやることが苦手ですし、ルールが決まっていることをなぞるような仕事にはやりがいを感じられません。やり方が決まっていない仕事のほうが自分の個性を発揮できますし、工夫の余地があるので、楽しいと感じます。

しかし、全く反対の価値観を持つ人が多いことも理解しています。やり方や段取りが決まった仕事が大半を占めていないと、不安を感じるのです。適当に考えて自分で決めてと言われても、やりがいを感じるというよりはむしろストレスで、やりにくいと感じるのです。そのような価値観を持つ人に、「自由にやっていいよ」と権限委譲してみても、モチベーションは上がらないでしょう。ある程度まで骨格を描いて、見通しを立ててから仕事を渡してあげるほうがよいでしょう。

このように部下の価値観がそれぞれ違うのであれば、事前に把握しておかないと適切なマネジメントができません。

◆プライベートを知る

価値観だけではありません。

プライベートの問題が仕事に大きな影響を与えることもありますし、家庭や健康の問題が制約条件となって、仕事上の配慮を求めることもあるので、把握しておく必要があるのです。

ではどうやって知るのでしょうか？　プライベートの問題は、どこまで踏み込んで聞いていいものか迷うことがありますし、悩ましいところです。

ひとつの方法ははじめての面談という機会を活かすことです。

あなた自身、もしくは部下の人事異動によって、はじめて上司・部下の関係になったとき。その最初の１対１の面談を大切にすることです。

投げかける問いは２つあります。

ひとつは、これまでのキャリアを、特に思い出に残っている仕事を中心に一通り聞かせて、ということです。

入社してから現在に至るまで、どのような仕事を経験してきたのか、どのような思いで仕事をしてきたのか、特に自慢できる思い出に残っている仕事は何か、どのような仕事が好きか、得意か、今まで周囲からどのような人と言われてきたのか。まるで採用面接のようですが、時間をかけて、感心しながら聞いてあげることです。なぜこの会社に入社したのか、というような原点の質問も有効でしょう。できるだけ時間をたっぷり取って、途中で切れることがないように、じっくり聞いてください。これまでのキャリアの中に、マネジャーが知っておくべきことがたくさん詰まっているはずです。ライフイベントと仕事の関係で悩んだことなども出てくるでしょうから、プライベートの話題も自然に聞くことができるでしょう。特に仕事に対する価値観を聞くにはこの問いがぴったりです。

もうひとつは、率直に、仕事をアサインするうえで、もしくは今後のキャリアをサポートするうえで、知っておいたほうがいいことがあれば話してください、と求めるということです。こちらから具体的に項目を立てて聞くよりは、相手に下駄を預けたほうが、スムーズで、後々に聞いたことと聞いていないことの区分がはっきりするので、対処しやすくなります。

たとえば子どもが病気がちで仕事に支障が出るかもしれないとか、離婚話が進んでいるとか、親が倒れて介護の問題でもめているとか、いざというときに仕事上の配慮をしてほしいという点があれば、マネジャーと共有しておこうと考えるでしょう。もしもこの時点では話題にならなくても、プライベートの問題についてもきちんと聞いてくれて配慮しようとしてくれるのだとわかれば、いざというときに適切に相談や報告がくるでしょう。先に触れた隠れ介護問題などが生まれにくくなります。

その他に、過去の人事資料を見ておくことも重要です。人事部にはこれまでの記録がさまざまにありますから、そのような記録をもとにあらかじめ大まかな状況を把握しておくのです。人事考課記録は直属の上司であれば見ることができるはずですし、会社によってルールは異なりますが、その他の資料も上司には開示されているかもしれません。家族関係などの基本情報もそのひとつです。

他にも飲みの場などを通じて、仲の良い同僚からそれとなく様子を聞くことも有効です。

いずれにしても根掘り葉掘り尋問のように聞き出すことは避けなければなりません。お互いに必要とする範囲において、関心を持って部下の情報を収集してみてください。

◆継続的な関心と情報収集―1 on 1 ミーティング

一人ひとりが違うという大前提のもとに、持続的・継続的に部下の状況を知るための方法としては、1on1ミーティングがあります。現在は一種の流行のようにもてはやされていますが、働き方改革やダイバーシティ経営を実現するうえで、個別のマネジメントがより重要になってきていることの表われでしょう。

1on1ミーティングはアメリカのグーグルやインテルといったグローバルIT企業からはじまっています。日本でもヤフーがいち早くはじめたことで知られています。

中核となるのは、2週間に1回、もしくは月1回くらいの割合で行う30分程度のミーティング（1on1ミーティング）です。この対話を通じて、部下とじっくり話して情報収集やアドバイスを行い、部下のパフォーマンスを高めようというのです。

導入する企業は、たいてい形から入ります。期間を2週間とか1か月とか決めて、その間に1対1でミーティングを行うことをマネジャーに義務付けるのです。ミーティングを設定するのはマネジャーの責任です。マネジャーのほうから部下に、時間を取ってくれるよう申し入れるのです。

このときに「会社の決まりでやることになったから」というように義務感を前面に打ち出してしまったり、定例会議のような形式的なミーティングの雰囲気を醸し出すとたいてい失敗に終わります。

あくまでも、側面支援や相互理解のための、コンパクトだが大事な時間として設定し、できる限り場所を変えてみるなどのイベント感を出して行うほうがいいと思います。

「なんかある？」「仕事どう？」といったおざなりな質問ではなく、マネジャーから話題喚起できるとよいでしょう。

慣れてきたら、不定期かつ、より日常的に短い時間でもそのような場を自然につくることができるようになりたいものです。そうしたら、もはや1on1ミーティングと呼ぶことはやめてもいいと思います。

◆時間配分を工夫する

1on1ミーティングに象徴される、個別の部下との1対1の会話を増やそうとするとどうしても絶対的な時間不足に直面します。マネジャーの皆さんはそうでなくても忙しく、労働時間の上限も気にしなければならない状況でしょうから、時間のやりくりが必要です。

図表4-5はある会社で営業マネジャーの皆さんの主要な仕事別の時間配分と業績との関係をデータ化したものです。

この会社の営業マネジャーは、事前ヒアリングの結果、①から⑨に関する仕事に主に時間を配分していることがわかっています。すべてのマネジャーの業績データとこの時間配分の関係を見たところ、とても重要な発見があり

図表4-5　マネジャーの行動と業績の関係

行動		行動時間比率(%)	業績との関係	
			相関係数	有意水準
①事務作業	営業の進捗管理など社内で行う事務作業	15.7	-0.140	
②事務代行	部下の業務の代行	6.8	0.118	
③営業訪問	商談などの客先訪問	13.3	-0.047	
④クレーム対応	顧客からのクレーム対応・処理	11.0	-0.020	
⑤社内指導	社内における部下に対する個別の指導	13.8	0.113	
⑥社外指導	営業同行など、社外における部下に対する個別の指導	10.9	0.376	***
⑦社内会議	複数の人と行う社内会議	13.2	-0.372	
⑧戦略立案	営業戦略の立案	10.7	-0.119	
⑨その他	その他の業務	4.7	-0.024	

注：***は１%で優位に相関のあることを示す
出所：リクルートワークス研究所「働き方改革時代にマネジャーは何をすべきか」2019年

ました。

それは社内事務作業、商談、クレーム対応、社内会議、戦略立案業務等に時間を配分しているマネジャーほど業績が悪いということ。反対に社内外における部下指導や部下の業務の代行に時間を配分しているマネジャーほど業績が良いということです。

特に社外における部下の個別指導に時間を割いているマネジャーは、かなり高い確率ではっきりと業績が良いのです。

具体的には営業同行などをして、直後に部下指導をしているケースがあげられます。営業行為をスーパーバイジングしているのです。そして道すがら部下の話を聞き、適切にアドバイスをすることや、部下の状況を理解することに努めているのでしょう。これはある種の1on1ミーティングと言えるのではないでしょうか。

反対に事務作業や社内会議に時間を費やしているマネジャーは業績がなかなか上がらないようです。戦略立案もマイナスになっていますから、あまり机上の議論に時間を費やすのは注意が必要だということなのでしょう。

時間配分の問題は、個々のマネジャーだけではどうにもできない部分もあります。事業部門のリーダーの立場にいる人や、スタッフ部門にいて現場に負荷をかけている人は、少し考えてみるとよいでしょう。

4. 将来有望な「タレント」を預かる

部下の中には将来会社を担うような優秀な人材もいるでしょう。一般に「タレント」と呼ばれるような人材です。もちろん皆さん自身がマネジャーに抜擢されたタレントであるかもしれません。

ここではタレント人材のマネジメントについてポイントを整理しておきます。

◆タレントマネジメント

タレントマネジメントとは、優秀な個人を特定し、引きつけ、引き留め、その成長のために投資をする人材獲得・人材育成戦略のことを指します。ここで言うタレントとは、将来リーダーになる可能性を持ったハイポテンシャルな社員のことだと考えればよいでしょう。

きっかけとなったのは、1997年に「ウォー・フォー・タレント」という言葉を掲げて、経営人材育成の調査を進めてきたマッキンゼーが出した『ウォー・フォー・タレント―“マッキンゼー式”人材獲得・育成競争』[*42]という本です。2002年には日本語版が出版されています。賛否両論あったものの、2000年代のうちには次世代リーダー育成と言われる人事戦略が浸透して、いずれの企業でも将来のリーダー候補人材を早期に選抜して、別メニューで育成するようになってきました。

すべての社員がタレントであると称して、「遅い昇進」によって全社員のモチベーションを維持することを重視してきた日本企業にとっては、大きな方向転換だといえます。

リクルートワークス研究所が行った「人材マネジメント調査2017」によれば、東証一部上場企業のうち、次世代リーダーの育成を、特に重要な課題だと認識していると回答した企業が49.7％、課題だと認識しており優先度が高

---

42 エド・マイケルズ、ヘレン・ハンドフィールド=ジョーンズ、ベス・アクセルロッド著、マッキンゼー・アンド・カンパニー監訳、渡会圭子訳、翔泳社、2002年

いと回答した企業が37.1％となり、合わせて86.8％の企業で人事課題とされていました。人事課題のうちもっとも多くの企業が課題認識しているものになっています。

当初は、リーダー候補に選抜しても本人にそれを伝えない会社や、MBAプログラム等に派遣してその後また元の仕事に戻すという会社が多く、成果は上がっていませんでしたが、現在は任用との組み合わせが明確になって、タレントの上司であるマネジャーもそれなりの対応を求められるようになりました。

◆適切なタイミングで適切なポジションへ

それではタレントを預かるマネジャーはどのようなマネジメントをすればよいのでしょうか。

大前提として、そのような優秀な人材を預かるということは、マネジャーとしてとても名誉なことだということです。経営者は、大事な人材は優秀なマネジャーに預けたいと考えるものです。マネジャーとして信用されているからこそ、タレント人材がまわってくるのです。

うっかりとできの悪い上司のもとに置いたら、つぶしてしまったり、退職させてしまったりということになりかねません。マネジメントスキルが高いマネジャーは他者を通じて高い業績を上げることを考えていますから、タレント人材は放っておいても業績を計算できる人材なので大歓迎のはずです。反対にマネジメントスキルが低くて、自分が前に出たいという人だとタレントと競ってしまって、相手を窮屈にしてしまいます。この違いをまずは確認しておいてください。

ポイントとして第１にあげておきたいのは「最適なタイミングで最適なポジションへアサインする」ということです。タレントはアサインされた「舞台」でパフォーマンスして力をつけていくものだからです。それをコーディネートするのがマネジャーの役割というわけです。

単純なことですが、実際にはなかなか難しいことです。第３章（ジョブ・アサインメントの章）で伝えたことがそのまま参考になるでしょうし、もう

少し大きな視点でのアサインメントもあるでしょう。それは

①昇進させて自分の後を任せるというサクセッション・プランの実行

②早期の昇進・昇格

③自部署を超えた大きなプロジェクトへの参加アサイン

④適切なタイミングでの他部署への異動

⑤イノベーションのアサイン

ということです。

①に関してですが、サクセッション・プランとは後継者育成計画のことで、類似的な取り組みをしている部署が他にない場合は、自らの後継者を早めに選んで、OJTを通じてその任を担えるように育てることが上司としての仕事になります。大企業では人材開発委員会等を通じて、後継者候補を明確にして、その育成状況も共有するようになっているところが多いかと思います。もちろん後継者候補はマネジャーが指名して終わりではなく、人事部や事業部門の了解があって、公式に候補者となり、準備を進めていくものですが、マネジャーの責務は大きいといえるでしょう。当事者に後継者としてのキャリアパスを受け入れさせて、意欲を持たせることも上司の仕事です。

実例では、2001年のゼネラル・エレクトリック（GE）社において、当時のCEOジャック・ウェルチ氏がジェフリー・イメルト氏に座を引き継ぐ際にサクセッション・プランを用いたことがよく知られています。CEOというようなポジションになれば、複数の候補者を指名して競わせるといったサクセッション・プランも有効でしょう。

②についてです。タレント人材は昇進・昇格においても抜擢される候補者になりますから、タイミングを推し量ることが重要です。「もう少し待ってからでも」と考えがちですが、成長スピードの速い人ほど、現状のポジションや仕事の大きさに満足しないと退屈してしまって、他社からの誘いに乗りやすくなります。やや早めのタイミングで昇進・昇格の議論のテーブルにあげる感覚でいてください。

ポジティブ心理学の知見ですが、人は能力よりも挑戦のレベルが高いと不

安になります。このとき、ポテンシャルが低い人だと、不安によって動けなくなってしまい、つぶれてしまいますが、ポテンシャルの高い人だと、学習によって能力を高めることで、挑戦のレベルとのバランスを取ろうとします。速いスピードで能力向上が行われるのです。

図表4-6は心理学者ミハイ・チクセントミハイが示したものですが、挑戦度と能力がバランスしたときに、フロー状態と呼ばれる、仕事に夢中になり能力を最大に発揮できる境地の時間がやってくるのです。タレント人材は成長スピードが速いために、すぐに「退屈」の領域に入ってしまいます。このタイミングを逃さずに、より大きな課題をアサインし、昇進・昇格によってステージを上げてあげないと、退屈してしまって逃げてしまうのです。

③について。全社プロジェクトに自部署から代表を出すというようなケースを想定してください。

図表4-6　フローの概念図

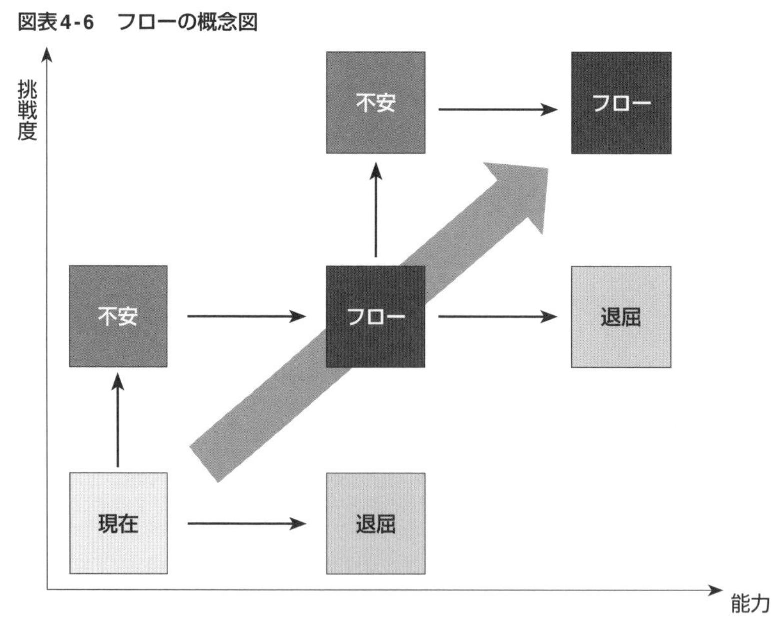

出所：M.Csikszentmihalyi, "Finding Flow : The psychology of engagement with everyday life," New York : Basic Books, 1998

全社プロジェクトに自分の部下を出すというと、戦力を取られると警戒するマネジャーもいるかもしれませんし、適当に形だけ参加しておけばいいと考える無関心なマネジャーもいるかもしれません。しかしこのような機会は人材育成のとても重要な機会でもあるのです。

タレント人材を全社プロジェクトにアサインしたうえで、「これを実現してきてください」という明確なミッションを背負わせてください。これ自体がストレッチになりますし（詳細は第３章）、ミッションの実現に向けて発言しリーダーシップを発揮する姿を見せることが、ひとりのリーダー候補として全社にお披露目する機会にもなります。

他部署のリーダー候補人材と接点を持つことも刺激になるでしょう。

④については、優秀な人材ほど手放しにくいものですが、抱え込んではいけないということです。一つの部署に長くいることは多くの場合成長スピードの鈍化を意味します。部署を変わることでリーダーシップを磨くことにもなり、学習機会、人脈拡大機会、知識統合機会にもなるのです。

IBMには「18か月ルール」というものがあるそうです。同じ部署に18か月以上いたら替え時と考えるというもので、１年半ということですからずいぶん短いことがわかります。部署を次々に替えて担当させていくことはポテンシャルがある人材を育てることの王道です。退屈する前に次をアサインする。この感覚です。

⑤についてです。これはタレント人材育成の最高の切り札ともいえるアサインメントですが、事業として方向性を打ち出したイノベーションテーマを担当するようにアサインを出すのです。

イノベーションを起こせという指示を出すのは、野球でホームランを打てという指示を出しているのと同じような非現実的なものに聞こえるかもしれません。しかし、昨今のイノベーションというのは実はそのようにして起こっている傾向があるのです。

つまり大きな方向感覚や切り口は役員会レベルで内々に協議しておいて、具体化を現場にアサインするときに、優秀な若手に白羽の矢を立てるというやり方です。もちろん、直属の上司は勘所で側面支援を行いますし、社長・役員は勘所で鶴の一声のゴーサインを出すこともするでしょうが、まずは一社員を推進役に仕立てるのです。

ポテンシャルが高い人材であれば、タイミングさえ良ければ一気にひと皮むけるような成長を成し遂げ、イノベーションも成功させてくれるはずです。[*43]

良いタイミングとは、その人材がこれまでの大仕事に一区切りをつけた瞬間です。成し遂げて一息ついているところでも、大失敗して失点を取り戻したいと思っているときでも、希望して異動してきた瞬間でも構いません。その仕事に熱中して取り掛かれるタイミングかどうかを見極めてください。

◆キャリア・ゴールを見据える

ポテンシャルが高い人材であれば、自身のキャリアについてもオーナーシップを持っています。

キャリアオーナーシップ（キャリア自律とも言います）は、ミドル期以降、持続的に成長していくうえでとても重要なものです。若いときには入社した会社が用意したキャリアパスに従って経験を積んでいく人が多いと思いますが、それ以降は自分自身が将来どうありたいかという希望をベースとしてキャリアが形成されていくように変わります。

ジュニア期のキャリアは、まず仕事で一人前になる、独り立ちするという共通目標に向かって全員が歩みを進めますから、育成プログラムも標準的なもので十分成果を上げられるのです。しかし、その後は個人差が大きくなり、志向・価値観の違いや、強み・弱みの違いがキャリアに大きな影響を及ぼします。

そうなると会社側が一方的にキャリアパスを決めるということは合理的でなくなりますので、本人とじっくりと対話したうえで、３年から５年先のキャリアの目標（キャリア・ゴール）を確認して、それぞれに支援してあげるほうがよいのです。

---

43 詳しい事例はリクルートワークス研究所「イノベーターはどこにいる？」Works Report 2014を参照されたい

しかし、キャリアオーナーシップを持っている人はあまり多くありません。

図表4-7を見ていただきましょう。キャリアオーナーシップを、キャリアの展望を描いていることと、その展望に向けて自己学習をしていること、と定義するならば、キャリアオーナーシップを持っている人はなんと8.7%にすぎません。

明らかにキャリアオーナーシップを持っている人とそうでない人とでは、成長実感の有無やいきいきと働いているかどうかに差があります。この少数派がタレント人材とかなり重なっているのではないかと見ています。

これが第2のポイントになるのですが、マネジャーの役割は、個々のキャ

図表4-7　キャリアオーナーシップ

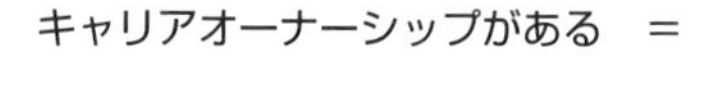

キャリア展望を描いている
◎　あてはまる　2.7%
○　どちらかというとあてはまる　13.0%

×

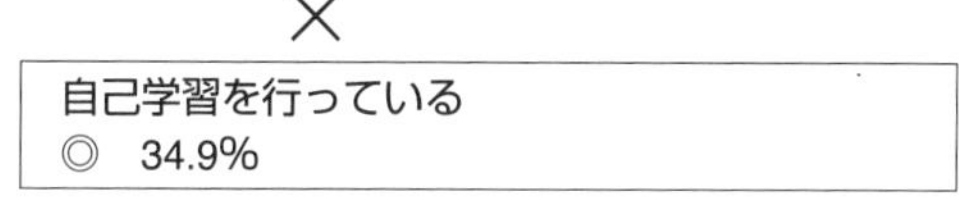

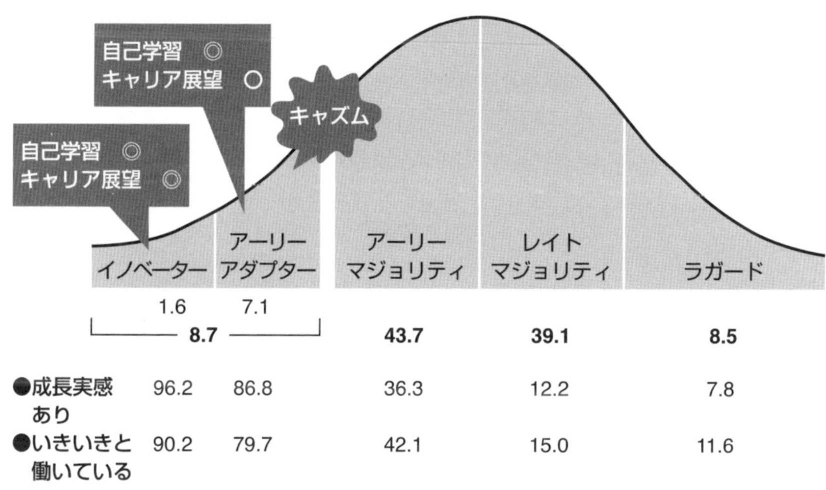

出所：マーケティングにおける「キャズム理論」をキャリア理論にあてはめたもの。
　数字はリクルートワークス研究所「全国就業実態パネル調査」2017の再分析

リア・ゴールを理解したうえで、その目標に近づけるように機会提供によって支援することです。タレントは、より重要で困難な仕事を通じて自分の経験値を高めて、キャリア・ゴールに近づいていこうとするでしょう。

優秀な人材を引きつける会社とは、自らのキャリア・ゴールに向かって歩みを続けられる会社であり、そのような価値がある経験、時間を過ごせる会社だと思います。その演出をマネジャーがするということです。

◆マネジャーに求められる寛容さ

第3のポイントとして、寛容さを発揮することをあげておきたいと思います。

「1分間リーダーシップ」で知られるケン・ブランチャードは、相手によって望ましいリーダーシップは異なるというシチュエーショナル・リーダーシップ論を唱えました[*44]。

部下の発達度によって、4種類のリーダーシップを使い分けるということですが、発達度が高い部下には、援助型（援助的行動が多く、指示的行動が少ない）や委任型（援助的行動が少なく、指示的行動も少ない）のリーダーシップが適しているというのです。指示が少ないというところがポイントで、細かく指示を出すのではなく、信頼して任せるということです。

マネジメントの発想も基本的には同じで、タレント人材の自律性を尊重して、寛容さを持ったマネジメントを展開していただくのがよいと思います。

会社によって程度は違うのですが、社内制度・ルールには、運用によって幅を持たせられる「遊び」の部分があるものです。一律のルールで細々と決めてしまうと現場の状況によってはあてはまらないことがありますから、マネジャーの判断によって適切にルールを施行できるようにあえて大まかにしてあるのです。このような運用の範囲を最大限に使って、自律性や自由さを演出してあげると、能力の高い人材は働きやすく感じます。典型的には、働き方の自由度を持たせてあげること、つまり、働く場所や時間をできる限り

---

44 K.ブランチャード著、小林薫訳『1分間リーダーシップ―能力とヤル気に即した4つの実践指導法』ダイヤモンド社

自律的に決められるようにしてあげることなどを検討してみてください。

あとはミッション外の仕事をしているときに、見て見ぬふりをしてあげることも、寛容さのひとつです。

目の前の目標達成には直接つながらないことかもしれませんが、関心を持って非公式に手をつけている仕事がのちに大きな仕事につながっていくことがあるものです。グーグルなどのイノベーションを重視するグローバル企業には「20%ルール」と呼ばれるような組織風土があります。ミッションと関係ないことに手をつけていても20%程度までならば黙認するという考え方です。

3Mには、マスキングテープを社員が開発するストーリーとして、開発が中止になった案件をあきらめきれない部下がこっそり継続しているのを、上司が見て見ぬふりをしていたことが、開発成功につながったというエピソードが残っています。これをブートレッギング（密造酒づくり）と言いますが、企業文化として今も残っているそうです。

第5章

マネジメントの哲学

第４章までに、マネジメントの方法を具体的に整理してきました。そこには昔も今も変わらない原理原則があり、今日のダイバーシティ経営や働き方改革によって、新たに求められるようになったマネジメントの方法もありました。具体的なマネジメントスキルについて話をしてきましたが、最終章では少し趣を変えて、マネジャーが持つべき価値観やスタンスという問題について一緒に考えてみたいと思います。

1. 部下を見放さない、あきらめない

職場における上司と部下の関係というのは「与えられた関係」です。

よく言われることですが、部下は上司を選べません。どんな上司であろうとも一定期間はその上司と向き合っていかなければならないのです。一方、上司から見ても、実は同じで、自分のもとに配置されてきた部下とは、与えられたものとしてその部下とともに最大限の成果を上げていくしか選択肢はないのです。偶然による人間関係の最たるものと言えるでしょう。

アメリカでは、マネジャーが部下を解雇する権限を持っていると言われていますが、解雇するまではしなくても、日本のマネジャー以上に権限を持っていることは間違いありません。反対に日本のマネジャーは、さほど強い人事権を持っているとは言えません。人事考課についても、一次考課者としての立場であり、最終評価を下すことはできませんし、どのような人材を部下にするか、もしくは現在の部下を他部署に異動させるかについては、ほとんど権限を持っていないと言っても過言ではないでしょう。いくら、ダメな部下がいて、これでは仕事にならないと嘆いてみても、変えることができないのであれば、現在ある状態で最善を尽くすしかないのです。もちろん、優秀な部下ほど他部署からも引き合いもあるでしょうし、高い成果を上げてくれる部下がいても、本人が異動を希望すれば、引き止めることはできません。逆に困った部下がいて、どこか他の部署に行ってほしいと願っても、成果を上げていない人事考課点の低い部下は、他でも引き受け手がないことが多く、長く自部署にいることになってしまいます。権限のないマネジャーには、どうしようもないのです。

要するに、上司と部下の関係は与えられた関係であり、お互いが不満を持ったとしてもそう簡単に変えることはできないとすれば、マネジャーはどのような思いで部下と向き合っていけばいいのでしょうか。

基本的には、上司と部下の出会いは一期一会であり、偶然の出会いを、素

晴らしい出会いに変えていくしかありません。そう割り切ったマネジャーだけが良いマネジャーになれるのだろうと思います。

部下から見ても、良いマネジャーとの出会いは、長いキャリアの中でとても大きな価値になります。上司は必ずしも師というわけではありませんが、その師のもとで成長できたという思いは、その後のキャリアの中で長く継続する思いになります。

それならば、縁があって自分の下にきた部下に対して、価値のある時間をここで過ごさせてあげたいと考えるのが自然でしょう。

部下に対するスタンスで、私がもっとも重要だと考えているのは、「部下を見放さない」ということです。

マネジャーの中には、とても人の見切りの早い人がいて、部下の欠点を見つけるとたちまち「あいつはダメだ」と否定してしまう人がいます。こういう人は、自分に対して愛想がよく、自分の指示どおりに動く、都合のいい部下だけを重用して、そうでない部下に対してはろくなコミュニケーションも取らずほとんど放置してしまうということになりがちです。そのようなマネジャーがなんと多いことでしょうか。

おそらくマネジャー本人が自覚している以上に、マネジャーは一部の部下しか信用しておらず、またコミュニケーションも取っていないという実態があると思います。そのようなマネジメントでは、高いパフォーマンスを上げることは困難であり、その間放置された部下たちは、より良い上司の下にいたら得られたであろう成長機会を失ってしまっているということになります。

繰り返し述べていることですが、すべての人に強みがあり弱みがあります。新任マネジャーに私が必ず言うことは、弱みを発見する前に、強みを発見してくださいということです。これは、一般的な人間関係の形成にも言えることで、プライベートにおいては、嫌いな人と付き合わなければそれでいいのですが、上司と部下のような仕事上の関係で、かつお互いに選ぶことができず、しかも密接な関係の場合は、強みを弱みより先に見つけるということがどうしても欠かせないことになります。これができないと、部下はもちろん、マネジャー自身も苦しむことになってしまうのです。

上司から見放された経験を持つ部下は、仕事に対する自信を失い、自己効力感を持つことができずに、やりがいを見失ってしまいます。上司イコール会社ではありませんが、上司から見捨てられたときは、会社から見捨てられたというふうに思い込んでしまうのです。それはそのまま、退職もしくはメンタルヘルス疾患、という最悪の事態につながっていきます。

良いか悪いかは別にして、すべての人は、上司に認められたい、褒められたいと思っているものです。基本的に上司から褒められ認められて嫌な気持ちになる人はいません。若手であれ、ベテランであれ、自分を認めてほしいという期待を上司に対して抱いているものなのです。

もう一度、自分の部下一人ひとりの顔を思い浮かべてみてください。その一人ひとりに対して豊かな言葉で、強みを語ることができるでしょうか。また、最近ゆっくりと時間を取って話をしたことがあるでしょうか。その人と理想的な上司部下関係がつくれているでしょうか。

良い上司になることをあきらめずに、そして部下を見捨てずにいていただきたいと思います。

2. 自らプロになりプロを育てる

現在のマネジャーは、ほぼ9割がプレイングマネジャーです。プレイヤーとして長く実務を担当してきて、高い評価を得て、管理職に昇進してマネジャーになり、引き続きプレイヤーとしての仕事をしながら、チームのマネジメントを担当することになります。つまり、多くの場合、マネジャー自身がプロフェッショナル・プレイヤーでもあるということになります。プロフェッショナル・プレイヤーが部下をマネジメントして、自分の後継者を育てること、もしくは自分を超えるプロフェッショナルを育てるということが、プレイングマネジャーのマネジメントだと言えます。

それではここで、プロフェッショナルということについて整理しておきたいと思います。皆さんはどのようなプロになればいいのか、そして部下をどのようなプロに育てればいいのか、ということについてイメージを膨らませてください。

プロには多様な定義があります。NHKの人気番組「プロフェッショナル仕事の流儀」で、最後に「あなたにとってプロフェッショナルとは」という定番の質問を投げかけているように、それぞれのプロには独自のプロ観があるものです。それでも、経営学や社会学などの分野では、古くからプロフェッショナルに関する研究が積み上げられてきて、プロフェッショナルという言葉に関する標準的な定義もつくられてきました。

もともとプロフェッショナルという言葉は、「profess＝宣誓する」を語源に持つ言葉であり、最初に使われたのは中世のヨーロッパだと言われています。典型的には、キリスト教に入信するときに「私はキリスト教に身を捧げます」と宣誓するイメージであり、言い換えれば、その職業に自分の身を捧げるということがプロフェッショナルの条件ということになります。当時は、宗教家や法律家、医師などの特定の職業の人を対象にした言葉でした。ステイタス・プロフェッショナル（status professional）と呼ばれ、優越的な権限を持って仕事をする人々であり、たとえば、医療行為を行えるのは医者だけですし、弁護をしたり判決を下したりできるのは法律家だけであるように、プロには社会的な特権が与えられていたのです。現在の日本でも、業務独占資格と言って、医者は医師国家試験に合格して医師免許を取得しなければその仕事に従事することはできませんし、弁護士は司法試験および考試に合格して資格を取得しなければ活動できません。これらの源にあたるのがステイタス・プロフェッショナルです。

ステイタス・プロフェッショナルは、その前提として、公式の知識を持つための教育を受けることになっています。たとえば、宗教家であれば、パリ大学で神学を、医者であればサレルノ大学で医学を、法律家であればボローニャ大学で法学を、長い時間をかけて学び、どこに行っても通用する体系的知識を持っていることを、学位などを通じて認められた人に限られます。

また、特定の職業団体に帰属することによって、その道のプロであることを公に知らしめ、また、その職業独自の倫理観によって支えられていることも欠かせない条件です。

現在日本における、プロフェッショナルの定義は、このような中世ヨーロッパではじまったプロフェッショナルの考え方に、強く影響を受けていると考えられます。

一方、東洋にもプロフェッショナルに該当する考え方が古くからありました。「玄人（くろうと）」がそれです。

玄人の玄という字は、黒を意味します。つまり、玄人とは暗いところが見える人であり、プロでない人たちがわかりえないことをわかる人ということになります。たとえば、指先で触っただけで、ほんのわずかな違いを見分ける職人たちや、わずかな音の違いを聞き分けて、より高い質を追求することができる職人たちのイメージです。玄人の反対は素人ということになりますが、昔は「白人（しろうと）」とそのまま書いていたようです。平安時代の文献を見ると、白人という表記が実際に出てきます。歌を歌う、踊りを踊る、楽器を奏でるなどの芸が何もできない遊芸人は顔を白塗りにしていただけだったことから生まれた言葉だという説もあるようです。

日本には古来、守破離（しゅはり）という考え方があり、長い時間をかけてその道の熟達者となっていく道筋がつくられてきましたが、守破離を経て出現するのが東洋におけるプロフェッショナルのイメージということになります。当然ながら、このような東洋におけるプロ観も現在の日本のプロの定義に影響を与えてきました。

私なりにプロフェッショナルを今日的に定義するならば、**図表5-1**のようになります。

まずは、特定領域の専門性を持っているということです。専門性には2つの要素があります。ひとつは公式な知識です。公式な知識とはどこに行っても通用する知識のことを指します。たとえば皆さんの会社の中で、価値のある知識を持っていても、他の会社では通用しないものであれば、それは経済学で言うところの企業特殊的技能というもので、プロの条件には該当しません。公式な知識を持っているのであれば、その分野の知識を誰かに教えることができるはずですし、後輩のためにマニュアルに書き起こすこともできるはずです。大学などで数回にわたって講義をすることもできるでしょう。

もうひとつは、専門技術やノウハウです。プロが持つ技術やノウハウは、再現性が保証されていなければなりません。環境や状況が変わるとうまくできないというのでは、プロとは言えません。たとえば、ある顧客との相性が悪いために営業業績が上がらないとすれば、それはまだプロのレベルに達していないということです。もちろん、人間なので相性の良し悪しはありますが、たとえ相性が良くなくても合格点は取れなければなりません。逆に相性が良い顧客の場合は、百点満点が取れることもあるでしょう。

アナウンサーの仕事をしている人が、喉が枯れて声が出なければ、それはやはりプロ失格となってしまいます。不摂生で喉を痛めたアナウンサーを、あなたはプロだと思いますか？　技術の再現性を担保するための自己管理も含めてプロの要件となるのです。

これら２つの専門性がプロの条件となりますが、前者の知識を「わかる」、

図表5-1　プロフェッショナルの定義

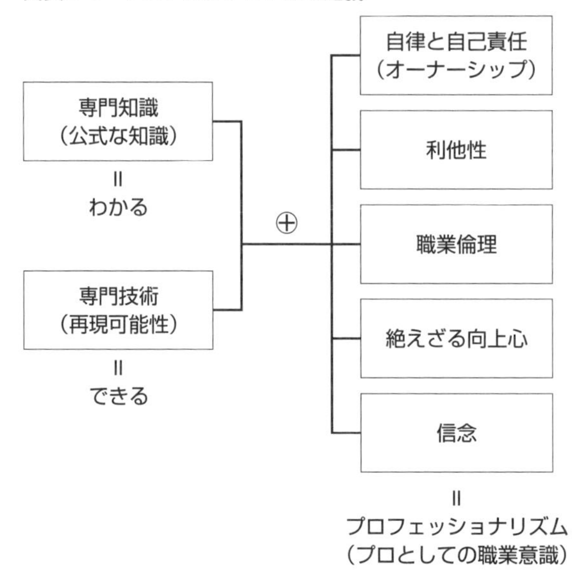

「利他性」と「職業倫理」はコンプライアンス、
「信念」はイノベーションの起点となる

後者の技術を「できる」と簡単に理解してもらってもよいと思います。「わかる」と「できる」の両輪が揃って、はじめてプロとして専門性を持っていると認められるのです。

実は、プロの条件は専門性だけではありません。

プロとして当然持つべき職業意識というものもプロの条件になります。一般にこの職業意識を「プロフェッショナリズム」と言います。プロとしての専門性を高める中で、自然に涵養されてくるものであり、具体的には、**図表5-1**にあるとおりですが、少し補足的な説明を加えておくことにしたいと思います。

①自律と自己責任（オーナーシップ）

仕事のやり方は自分で決める。その代わりに責任もすべて自分で持つということです。プロになると人から細々と指示を受けるよりも、自分で考えたほうがより品質が高い仕事になるものです。

オーナーシップがあるので、自然に仕事に対する姿勢が自律的になります。

第4章のタレントマネジメントの項でも触れたように、プロフェッショナルに対しては、信頼して任せてあまり細かい指示をしないほうがいいということは、このオーナーシップと関係しています。

②利他性

利他性とは、自己の満足と他者の利益のために優れた仕事をしようという意識です。プロは顧客が求めるものに応えるだけでは納得しません。もっと高い質を生み出す能力があるならば、顧客の期待を良い意味で裏切るレベルの質を実現しようとエネルギーを注ぎます。顧客は期待以上の仕事に感動して、また次も同じ人に頼みたいと思うのです。ポイントは、質にこだわる理由が自己の利益ではないということです。もちろん、心の満足は求めるのですが、経済的な報酬は顧客の利益の結果であり、あらかじめ求めるものではありません。

このようなプロの利他性は、短期的には企業の競争や管理の論理と矛盾することもあります。アメリカの社会学者であるE.フリードソン[*45]は、著書『Professionalism：The Third Logic』の中でこの問題に触れ、アメリカの多くの企業は短期的な利益を追い求め、利他性に象徴されるプロの論理を忘れ去っていると警鐘を鳴らしています。

③職業倫理

加盟している職業団体がつくる場合もありますが、原則的には、プロ一人ひとりが心の中につくり上げていく倫理観です。誠実さ、真摯さ、もしくは自分の仕事に対するロイヤリティと言ってもいいでしょう。日本でもこれまでに数多くの職業倫理にもとる行為により事件が起きてきました。政治家の不正などはその最たるものですし、建築士の偽装建築や、調理人の食品偽装、芸人による反社会勢力の闇営業などいずれも職業倫理に反する行為の典

---

45 エリオット・フリードソン（Eliot Freidson）ニューヨーク大学名誉教授。世界でもっとも卓越した医療社会学者のひとりとして知られる

型的な事例と言えます。私も長く、調査の仕事に携わっていますが、もしも調査結果を改ざんして発表すればたちまちプロ失格となります。おそらく一般の人たちは、プロの改ざんに対して気づかないでしょうが、一回でもそれをやった瞬間にプロとしての立場を自ら放棄したのと同様になるのです。

④絶えざる向上心

以前は、プロフェッショナルだと思う有名人は誰かと問うと、老若男女を問わず野球のイチロー選手の名をあげる人が多かったように思います。キャリア研修の場で「プロだと思う有名人」を尋ねるとたいていイチロー選手が最多の票を獲得しました。世界トップクラスの実績を長年にわたって上げ続けてからも、ストイックに一歩上を目指し続ける姿が、多くの人に本当のプロだと感じさせたのだと思います。プロになるためには、経験と学習が必要ですが、プロになった段階で学習が終わるわけではありません。むしろ、プロになった時点が本当の学習のはじまりと言ったほうがいいでしょう。知らないということが、プロにとっては罪になります。その道のプロが最新動向を学習していなければ、その人はもはや現役とはみなされないでしょう。

⑤信念

信念を英語に言い換えれば、beliefにあたります。絶対にこうしたほうがいいと固く信じる主観のことで、プロは自らの専門性を深める中で、信念をつくり出していきます。

私は、リクルートワークス研究所で、人と組織の専門誌『Works』を長年発行してきましたが、その専門誌に一橋大学名誉教授の野中郁次郎氏による「成功の本質」という連載があります。すでに100回を超える長期連載で、毎回日本におけるイノベーションの事例をひとつ分析して紹介しているのですが、それらを読み返すと、すべてのイノベーションはプロの信念から生まれているのだと気付かされます。イノベーションはマーケティングデータから生まれるものではなく、プロ個人の信念から生まれるのです。本当のプロには知識と経験に裏打ちされた「筋の良い信念」があり、プロでない人はアイデアを思いついてもそれが筋の悪いものでしかないことがあります。

このような５つのプロフェッショナリズムもまた、プロの条件と言えるでしょう。

マネジャーは、自らがこのようなプロであるべきであり、そしてまた、プロを育てるというとても重要な仕事を担っているのです。プロフェッショナリズムにおける利他性や職業倫理は企業のコンプライアンスと直結しています。そして、信念はイノベーションと直結しています。それだけプロ人材を育成することは企業経営にとって、とても大きな価値があることなのです。

3. マネジメントは「管理」から「配慮」へ

マネジメントというものは、この20年から30年の間に様変わりしたと思います。

マネジメントは最初、日本に「管理」と訳されて入ってきたことにより、マネジャーも「管理職」と訳されました。つまり、マネジメントするということは管理するということだと、直接的に理解されて浸透したのです。そのため、マネジャーに昇進した人は、これからは管理する人になるのだと考えました。

確かに企業には管理という言葉が溢れています。

業績管理、予算管理、勤怠管理、労働時間管理など。そもそも人事管理という言葉が一般的に使われていますし、管理は企業経営の論理の中核を成しているのです。管理職は、自分の役割として管理をしなくてはいけないと考えて部下と向き合うことになります。たとえば、遅刻なく出勤して働いているか、残業があればそれを申請しているかどうか、タイムカードを細かくチェックして、昨日は何時間仕事をしたか、残業は何時間したかをチェックします。伝票が上がってきたら、適切な用途に使われてきたか、不正はないかを確認するのが管理職だと理解しているでしょう。しかし、これは楽しくない仕事です。できたらやりたくないと考えるのも仕方ありません。部下も、マネジャーから管理されていると思ったら、あまり近づきたくないと思うでしょう。

マネジメントが管理と理解されていると、マネジャーになりたくないなどの否定的な考え方が自然に出てくるのではないかと思います。

実際、若い世代には、管理職になりたくないという人が多くいます。リクルートマネジメントソリューションズが実施している「新人・若手の意識調査」(2016年)によれば、管理職に「なりたい」「どちらかといえばなりたい」と回答した人は31.9%でした。2010年には55.8%、2013年には45.0%でしたので、はっきりと減少傾向にあると言えます。それは、成長意欲がない、リーダーシップを取りたくないなどの意識につながる残念な傾向とも言えますが、そもそも管理する仕事などしたくないという気持ちは理解できます。

私も新任マネジャーの頃に、細かくタイムカードや伝票をチェックした記憶がありますが、それがマネジャーの仕事だと思っていたからです。もちろん慣れてくるに従って、管理の仕事は必要最低限しかしなくなり、もっとチームとしての業績をどう上げるか、部下をどうやって育成するかを考えるようになりましたが、はじめは管理という言葉に縛られていたところがあったように思います。

現在の状況を俯瞰すると、旧来の管理業務は、ほとんどがテクノロジーによって自動化されています。たとえば勤怠管理は、PCの稼働時間とか個人の持っているIDの入退室記録によって自動的に計算されて、残業時間が上限値を上回るようなペースであるときや、過少申告の可能性があるケースだと、システムが勝手にアラートを鳴らしてくれます。わざわざマネジャーがタイムカードをもとに勤怠管理をしなくても、いつの間にかそれは行われているのです。つまり、旧来型の管理をすることは、以前ほどマネジメントの仕事の本質ではないと言えるでしょう。

それではマネジメントは何をすることなのでしょうか。そういう問題意識が私自身の中に芽生えてきました。

そこで、これから必要とされる新しいマネジメントの姿やコンセプトというものを考え続け、2018年に提唱したのが「配慮型マネジメント」というものです。

配慮という言葉は、ケアという言葉に通じるかなりやさしくソフトな感覚があり、管理という言葉からくる強さとは対極にある言葉です。

リーダーシップの分野におけるサーバント・リーダーシップを連想する人もいるかもしれません。旧来のリーダーシップの典型がボス型のリーダーシップで、カリスマ的に他の人をぐいぐい引っ張っていくリーダー像だとしたら、サーバント・リーダーシップは、一歩下がって部下の背中を押すようなリーダーシップということができるでしょう。このサーバント・リーダーシップは日本でも多くの人が共感し、特に女性管理職に高く支持されているリーダーシップのあり方になっています。

マッキンゼーが男女のリーダーシップの違いをグローバルに調査した結果[*46]では、女性が男性よりも発揮しているリーダーシップに

- 人を育てる（people development）
- ロールモデルになる（role model）
- 鼓舞する（inspiration）
- 期待して褒める（expectations and rewards）
- 参加型の意思決定をする（participative decision making）

という項目がありました。これらはサーバント・リーダーシップのイメージに近いものでしょう。逆に男性のほうが発揮しているリーダーシップには

- 管理し修正する（control and corrective action）
- 個人型の意思決定をする（individualistic decision making）

といった孤高のリーダーシップの香りがするものが並びます。社会は女性リーダーの誕生を望んでいるのかもしれません。

マネジメントでも同じことが起きており、それが配慮型マネジメントなのです。これまでの上意下達で画一的なマネジメントスタイルではなく、部下一人ひとりの個性を踏まえて、志向・価値観や強みを活かすマネジメントスタイルだと言えます。配慮という言葉は、多義的ですが、英語をあてはめれば「concern」という言葉が意味合いとしてはしっくりくると思っています。かかわる、つながるというニュアンスです。

◆配慮型マネジメントの４つの要素

配慮型マネジメントを要素に分解すると、以下の４つになります。

①関心

一人ひとりの部下に関心を持つということです。

---

46 McKinsey & Company, "Women matter 2 : Female leadership, a competitive edge for the future", 2008

何度も繰り返しているように、人には強みと弱みがあり志向・価値観も違います。仕事をするうえでの制約条件を持っている人もいます。そのようなことを基本的に理解していないと、適切なジョブ・アサインメントはできませんし、人材育成もできません。

女性向けのキャリア研修をしているときに、よく感じることがあるのですが、3～5年後にどうなってほしいと上司から言われているかを尋ねると、「管理職になってほしい」とか、「他の人のロールモデルになってほしい」と言われていますという答えが多く見られます。いつもそれを聞いてがっかりした気持ちになるのですが、この人の上司は、ちゃんと見ているのだろうかと不安になるのです。会社の人事施策として、優秀な女性を管理職に上げたいということはわかりますし、上の世代が育っていない中でロールモデルになってほしいということもわかるのですが、もっと一人ひとりを見て期待を語ってほしいと思ってしまいます。なかには専門職タイプの女性もいますから、上司から管理職になってくれと言われたことで、キャリアを迷走してしまう人もいるのです。そこにもう一歩踏み込んで、その人の強みや志向・価値観を踏まえた期待をしてほしいと思います。一人ひとりに関心を持たないと、どうしても画一的なマネジメントになってしまいます。ダイバーシティの時代に、それでは良いマネジメントはできません。

②補完

弱みというものがはっきりと見えているのであれば、逆にそれを強みとしている人と組み合わせてあげることで、一人ではできないことがチームとしてできるようになるということがあります。

この組み合わせこそが、マネジメントの妙というもので、補完関係をうまくコーディネートできるマネジャーは、もれなく業績を上げられるマネジャーなのだと思います。

高齢者と若手の補完関係を実現するのもそのひとつ。介護や育児を両立している人たちが、緊急に休まねばならないときに、相互補完関係をつくって働きやすくすることもそのひとつです。これはすでに第4章でも触れたことです。その他に、マネジメント業務も部下とシェアして、上司と部下の間に補完関係をつくれれば、マネジメントの負荷軽減と部下の育成を同時に実現することができるかもしれません。さらに、自組織で実現できない仕事があったときに、他部署と連携することも補完のマネジメントのひとつと言えます。

補完は、ひとつの仕事を複数人で担当するジョブ・シェアリングや、ひとつの才能を複数の場所で活かすシェアリングエコノミーに通じる、極めて効率的なマネジメントの手法なのです。

AIが仕事を奪うという議論がありますが、テクノロジーと人の関係も代替ではなく補完です。そう考えればテクノロジーともっとうまく付き合えるのではないでしょうか。

③支援

第3章でも触れたように、マネジャーにとって部下の目標達成を側面支援することは、とても重要なマネジメント行動です。

部下の仕事を横取りすることでもないし、部下の前に立って自分が目立つことでもない。あくまでも少し背後に回って、支援してあげることがマネジャーとして業績を上げる良い方法なのです。

図表5-2は、配慮型マネジメントを構成する4つの要素が、ジョブ・アサインメントの実施やチームの業績に対して統計的に有意な水準でプラスの影響があることを示しています。その中でも、とりわけ支援に該当する項目を満たすマネジャーは、チームの成果をより上げられるということが、因果関係を示す回帰係数によって示されています。

「部下の過労や健康について常に気を配っている」「部下が中長期的にどのようなキャリアを目指しているのか理解している」「部下が抱える悩みについてプライベートの問題も含めて相談される」などの項目が支援関係の項目です。

人材育成は、キャリア支援と密接に結び付いています。マネジャーは部下のキャリアデザインの相談に乗ってあげて、ともに3年から5年先のキャリ

図表5-2　配慮型マネジメントとチーム業績の関係

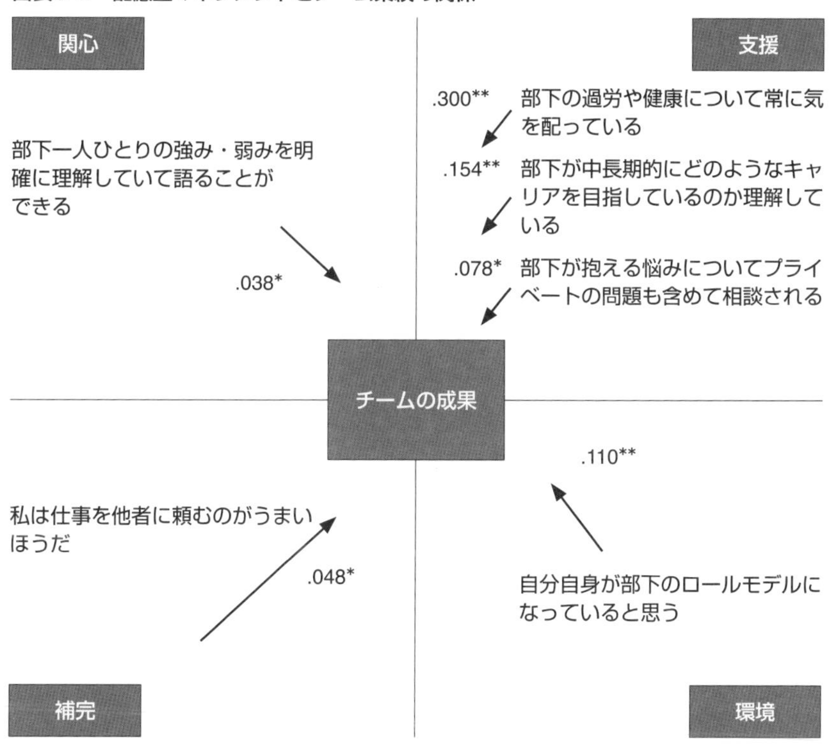

注：1.数字はチームの成果に対する回帰係数を示す→それぞれ統計的に有意にプラスに作用している
　　2.** 5％、*10%で統計的に有意

ア・ゴールを設定し、実現のための支援をすべく機会をつくってあげることが期待されています。

④環境

仕事がやりやすい環境をつくることもマネジャーの重要な仕事です。

特に、日本人の場合は、他国と比較して仕事上の人間関係が円満であることを強く求める傾向があります。ギスギスした職場になるか、和気あいあいとした職場になるかは、ひとえにマネジャー自身の発言や行動にかかっていると言っても過言ではありません。古い世代の人間は、和気あいあいとした職場を甘い職場であると嫌う傾向もありますが、ギスギスした職場と比べて、チームメンバーの連携が取れている職場のほうが明らかに業績は高いのです。

また有期契約で働いているパートタイマーの人々には、職場の良好な人間関係がモチベーションの源泉になっているという人が多くいます。環境が悪ければ、定着率は悪くなります。ここで働き続けたいと思える職場環境を整えることの価値は大きいのです。

◆管理から配慮へ

ひと昔前までは、マネジャーはマネジメント専任であり、もっぱら管理をしていました。管理という言葉にはさまざまな意味がありますが、代表的には「計画」「命令」「統制」「調整」といったようなことです。

しかし、時代は変わり、マネジャーのほとんどがプレイングマネジャーになり、管理はテクノロジーが代行し、より部下を側面支援するような行動がマネジャーに期待されるようになりました。代表的には「関心」「補完」「支援」「環境」ということです。

この変化をしっかりと理解しておいていただきたいと思います。

4. 働きやすく働きがいがあるチームをつくる

マネジャーはひとつのチームのリーダーとしてマネジメント業務を任される立場にいます。

短期的な業績と、中長期の業績をバランスよく追い求めることがマネジャーの仕事ですが、組織を預かる人間として、もうひとつ追いかけたいテーマがあります。それは、働きやすく、かつ働きがいがある組織をつくるということです。

これは、働き方改革の究極の目標とも言えるものです。働きやすいことや働きがいがあることとは、会社にとっても個人にとっても望ましいことであり、Win-Winになれる目標です。

図表5-3は厚生労働省の委託調査の結果ですが、働きやすい組織はそうでない組織と比べて、また、働きがいのある組織はそうでない組織と比べて、「社員の意欲が高い」「企業業績が高い」「社員の定着率が良い」というそれぞれの観点において、前者が後者を大きく上回っています。

働きやすい組織は、さまざまな事情を抱えた人でも働ける環境であり、多様に働く人々を活かせる組織です。また、配慮型マネジメントで触れたよう

図表5-3　働きやすさと働きがいが経営に与える影響

◆「働きやすい」組織、「働きがいがある」組織をつくることは社員と会社双方に利益が生まれる

		意欲が高い	勤務継続意向	企業業績高い
働きやすい	「働きやすい」群	72.2	44.4	44.8
	「働きやすくない」群	31.3	10.4	30.6
働きがい	「働きがいがある」群	84.2	50.7	48.0
	「働きがいがない」群	27.5	12.4	30.3

出所：厚生労働省「働きやすい・働きがいのある職場づくりに関する調査」2014年

に、職場の人間関係が良くストレスがたまらない組織です。

働きがいがある組織は、一人ひとりの強みや個性が活かされている組織であり、仕事の持っている社会性や利他性が高い組織であるとも言えます。このような組織を実現するには、働き方改革に象徴される、企業のビジネスモデルや人事制度が適切に改善されていく必要があり、また、マネジメントのあり方が変わっていくことも必要です。

第４章で示した労働生産性を持続的に高めるモデル図（**図表4-1**）をもう一度ご覧いただきたいと思います。この図は、ダイバーシティ経営や働き方改革とマネジメントの好循環の関係をモデル化したものですが、ダイバーシティ経営から働き方改革に至る部分が、主に働きやすさを高める部分、マネジメント改革からプロフェッショナル人材育成に至る部分が、主に働きがいを高める部分になっています。

マネジメント改革が接続点となり、働きやすさを高めることと働きがいを高めることが見事につながっていくということがこの図に示されているのです。

働き方改革というと、経営者はコンプライアンスを意識して、法律を遵守するために働き方を変えなさいと言ってみたり、投資家を意識して労働生産性を上げるために働き方を変えなさいと言ってみたりしがちですが、これだと働く人々のこころには届きません。働きやすさを高め、働きがいを高めるために、働き方改革を実現するのだと語ったときにはじめて、経営者と社員のこころはひとつになり、働き方改革が実現していくのだと思います。マネジャーは、この物語の中心にいるということを知っておいてほしいと思います。

5. ワーク・エンゲイジメントとエンパワー

働きがいを高めるマネジメントに関連して、最近よく使われる言葉にワーク・エンゲイジメントがあります。

これは、オランダのユトレヒト大学のシャウフェリ教授が提唱したメンタルヘルスの新しい概念です[*47]。ワーク・エンゲイジメントとは、仕事に恋をしている状態であり、活力、熱意、没頭によって特徴付けられるとされています。

活力とは、就業中の高い水準のエネルギーや心理的回復力であり、レジリエンスの高さと呼ぶこともできます。たとえば、仕事上の困難や失敗があったとしても、そこでくじけることなく改めて気力を奮い立たせてチャレンジするような強さです。

熱意とは、仕事への強い関与や仕事の有意味感、誇りを示すものであり、自らが担当している仕事に対する深い理解や共感がベースとなります。

没頭とは、仕事への集中度であり、時間を忘れて取り組むフロー状態が繰り返し出現するような状態を示しています。

一般に、ワーク・エンゲイジメントが高い人は、仕事に対する態度も肯定的で、追い詰められながら仕事をやっているワーカホリック（仕事中毒）とは一線を画します。メンタルヘルス疾患や人材育成、生産性向上を考えるうえでとても重要な概念になっているのです。

日本では、ワーク・エンゲイジメントが変化して、自分の会社を他の人にも紹介したいかどうかというような、組織に対する忠誠心やリテンションの指標であると受け止めてしまっている人が多いように思えますが、本来は、より純粋に今の仕事に対して働きがいを感じている度合いを示すものです。

マネジャーの行動はワーク・エンゲイジメントに大きな影響を与えます。

---

47 ウィルマー・B・シャウフェリ、ピーターナル・ダイクストラ著、島津明人、佐藤美奈子訳『ワーク・エンゲイジメント入門』星和書店

具体的には、活力や熱意を引き出すのは、マネジャーによる仕事の価値や意義の説明であったり、その人の強みを肯定したり、仕事の成果を称賛したりする一連のジョブ・アサインメント行動によって促進することが可能になります。また、仕事への没頭は、仕事に集中できる環境づくりや、適切な権限委譲などによって促進することができるとともに、大きな視点では、一人ひとりが描くキャリア・ゴールを支援することによって実現することが可能です。

ここまでの議論でわかるように、マネジメントは、今日の組織としての重要テーマすべてに密接に関与していると言っていいでしょう。

ただし、マネジメントの目的には、モチベーションを上げるということは含まれていないと私は考えています。部下のモチベートこそマネジャーの仕事だと考えている人からは、意外に思われるかもしれません。しかしながら、部下を動機付けることは、マネジメントの手段ではあっても目的ではありません。これは第３章ですでに触れたことです。そもそも、モチベーションとはセルフ・モチベートが原則であり、社員一人ひとりが自分自身のやる気を喚起するように自己制御することが求められるものです。あえて、マネジャーがやるべきことをモチベーションに関係して整理するならば、それはエンパワーメントということだと思います。エンパワーするには、その人が担当している仕事が、とても重要な仕事であると知らせてあげることであり、また、その仕事を高い品質で成し遂げることができると知らせてあげることです。有意味感と有能感を刺激することがエンパワーの中核的アプローチであり、これはマネジメントの役割であると考えます。エンパワーはジョブ・アサインメントの一連のプロセスの中で行うことであり、エンパワーが巧みにできるマネジャーは、ワーク・エンゲイジメントを高めることで業績を高め、人材を育成し、労働生産性を高めることができるのです。

6. マネジメントは楽しい仕事

これまで一連のマネジメントスキルやマネジメントスタンスのお話をしてきました。最後に、締めくくりの大事なメッセージをお伝えしたいと思います。それは、

「マネジメントという仕事はとても楽しい仕事だ」

ということです。

なぜならば、マネジメントは他者を通じて業績を上げる仕事だからです。自分で業績を上げることには限界がありますが、他者を通じて業績を上げるのであれば、これ以上はできないという限界がなくなります。時間を効率的に活用したら、ほぼ無限大に業績を上げることができるようになるのです。

本当にやりたいことがある、本当に実現したいことがあるならば、そのとき、学ぶべきことはマネジメントです。マネジメントという技術を持つことで、皆さん自身が無限に成長できるのです。

マネジメントという仕事は、プロデューサーだと私は思っています。決して管理する人ではありません。管理するだけならば、そこにあるもの以上にはなりません。プロデューサーだからこそ、新しい価値を創り出すことが可能なのです。その人が実現したいゴールを描き、それを実現するための仕事のアサインメントやエンパワーをうまくやっていくことができれば、とても大きなことが実現可能になります。

こんな楽しい仕事を、それと知らずに嫌ってほしくありません。工夫すれば工夫しただけ成果につながる。そういう仕事です。

マネジャーを長くやっていて感じることですが、マネジャーには、何度か成長の節目があるようです。最初に管理職に昇進して、任用された段階は単なるスタートにすぎず、そこからさまざまな経験を積み重ねて、試行錯誤を繰り返し、実際に手痛い失敗も経験し、それによってマネジメントについて何度も開眼するのです。つまり、マネジャーは長きにわたってマネジメント

スキルを成長させ続けていくものなのです。

これは子どもを育てる親と似ているように思えます。親もマネジャーも人を育てるという共通性があります。さらに、何度もひと皮むけるような経験を繰り返しながら、生涯にわたり成長を続けるという点で似ていると思うのです。

親が子どもを生んだ段階では、それは親であることの権利を取得しただけであり、いわゆる親としての役割とか関係性を実現したわけではありません。子どもが成長する過程で、いろいろなことが起こります。楽しいこともあるし、困難に直面することも、辛い思いをすることもありますが、それを乗り越えることで親らしくなっていくのだと思います。ずいぶん時間がたち、振り返ったときに、「ああ自分も一人前の親になったのかな」と思うのではないでしょうか。それは、もしかしたら子どもが成人するくらい時間がたったときかもしれませんが、そのくらい、際限なく高まり続けていくものだと思います。

マネジャーの皆さんにも、成長実感を楽しんでほしいと思いますし、そもそもとても楽しい仕事であると気付いてほしいのです。

この本を通じて皆さんにマネジメントスキルというものを体系的にお話ししようと思ったのは、こういうテキストなどを通じて、学習する機会を持ち、効率よく学んでほしいと思うからです。基礎知識を得たうえで、実践の中で試行錯誤をして、マネジメントの仕事の醍醐味を味わってほしいと思います。

マネジメントはプロの仕事です。プロフェッショナルの定義ですでに書いたように「わかる」も「できる」も必要です。わかるという公式の知識については本や研修などを通じて効率よく学んでください。そして実践の中で学習しながらできるレベルを高めていってほしいのです。

成長するにつれてマネジャーとしてのプロフェッショナリズムが芽生えてくるでしょう。そのことで、利他性や絶えざる向上心、職業倫理・真摯さも生まれます。究極的には、マネジメントとはこうあるべきという信念が生まれてくるに違いありません。ひとりのプロとしての境地にたどり着けば、確信を持って、マネジメントは楽しい仕事だと言えるようになると思います。そして、楽しい仕事だということを部下の皆さんにも伝えていってください。

もっとも優れた人材育成は、自分を超える人材をつくることです。一方で、マネジャーとしては部下の成長を上回るスピードで成長し続けてほしい。これは一種の追いかけっこです。目の前にいる上司が成長し続けていることが、部下の成長に大いに影響を与えます。簡単に追いつき追い抜ける上司ではダメです。

親子関係と違うのは、上司と部下の関係というのは人事異動が発生したらその瞬間に公式の関係性は終わるということです。それでも、信頼関係を築いておくことができれば、元上司、元部下という関係は一生ものになります。

元部下から見たら、元上司が立ち止まることなく、どんどん先へ進んでいってくれていることによって、ロールモデルになり、長いキャリアを歩くうえでのメンターにもなってくれるのです。

ひとつの上司・部下関係というのは、人事異動のサイクルを考えれば平均して２年くらいの単位で変化していくものだと思いますが、その分だけ関係の数が増えていくことにもなります。そして元部下も部下を持つようになり、裾野をつくっていく。そういうつながりのようなものは、ある意味、マネジメントという職にある者の喜びになるでしょう。

企業人として仕事をしていくうえでは、マネジャーになり他者を通じて業績を上げる立場になることは、避けて通れない道です。必然的に訪れるキャリアパスであるならば、しっかりと楽しむべきです。

これを最後にメッセージとして贈り、締めくくりとしたいと思います。

おわりに―アート・クラフト・サイエンスの融合

第1章でも引用したマネジメント研究の大家・ミンツバーグは、マネジメントスタイルの三角形というものを提起しています。三角形の角に置かれているのは、アート（ビジョン）・クラフト（経験）・サイエンス（分析）です。

アート寄りのマネジメントスタイルは、アイデアとビジョンを重視し、直感的性格の強い「洞察型」になります。クラフト寄りのマネジメントスタイルは、経験を重視し、部下を助けつつ、自分で業務を処理しようとする傾向が強い「関与型」になります。サイエンス寄りのマネジメントスタイルは、慎重で分析重視の「頭脳型」になります。それぞれの要素が度を越すと、洞察型は「ナルシスト型」になり、関与型は「退屈型」になり、頭脳型は「計算型」に成り下がり、マネジメントのバランスが崩れてしまうので、これらの3つの要素をブレンドしなくてはならないと警告しています[*48]。

ミンツバーグは、MBAで教えているマネジメント教育は、サイエンスに偏っていると指摘していますが、日本を代表するようなこれまでの経営者はアートに偏っているようにも思いますし、現場の管理職はクラフトに偏っているようにも見えます。これらをバランス良く組み合わせて実際のマネジメントを行うということはなかなか難易度の高いことかもしれません。

そこで本書では、できる限りこれら3つの配分を意識しました。

第2章の原理原則論はかなりクラフトの香りがするはずです。そして第3章のジョブ・アサインメントは分析重視のサイエンス、第5章のマネジメントの哲学はアートです。読者の皆さんのこころの中で3つがうまく溶け合って、あすからのマネジメントに活かしていただければと願っています。

＊

本書を執筆するにあたり、改めて多くの先行研究や分析結果を再学習した

---

48 H.ミンツバーグ著、池村千秋訳『マネジャーの実像―「管理職」はなぜ仕事に追われているのか』日経BP

ことで、私自身のマネジメントに対するアートが磨かれたように思います。

リクルートワークス研究所の研究活動からは、津田郁研究員のジョブ・アサインメント研究や、坂本貴志研究員のマネジャーの役割に関する研究が、大いに参考になりました。インクルージョンオフィス代表の皆月みゆき氏からは、同社の運営するワークライフ・コンサルティング・ネットワーク（WOLI）の相談分析結果から得られる知見をご提供いただき、大いに影響を受けました。リクルートグループが取り組む「十人十色の働き方を、みんなでつくるプロジェクト＝iction!プロジェクト」とは、相互に協力をさせていただきました。また、マネジメント研修の講師をお引き受けしている企業のマネジャーの皆さんとの対話は、執筆するうえでの読者イメージを構築することに役立ちました。深く感謝申し上げます。

本書の執筆にあたり、経団連事業サービスの讃井暢子さん、高橋清乃さんにご尽力いただきました。図表の仕上げに協力いただいた私の秘書の森千恵子さんにもこの場を通じてお礼を申し上げたいと思います。

2020年１月
大久保 幸夫

大久保幸夫（おおくぼ・ゆきお）
1983年一橋大学経済学部卒業後、リクルート入社。99年にリクルートワークス研究所を立ち上げ所長に就任。2011年専門役員。10～12年内閣府参与を兼任。人材サービス産業協議会理事、Japan Innovation Network理事、産業ソーシャルワーカー協会理事。著書『キャリアデザイン入門』『会社を強くする人材育成戦略』『マネジャーのための人材育成スキル』『働き方改革 個を活かすマネジメント（共著)』（いずれも日本経済新聞出版社）ほか

マネジメントスキル実践講座
―部下を育て、業績を高める

著者◆
大久保幸夫

発行◆2020年3月1日 第1刷

発行者◆
讃井暢子

発行所◆
経団連出版

〒100-8187 東京都千代田区大手町1-3-2
経団連事業サービス
電話◆［編集］03-6741-0045 ［販売］03-6741-0043

印刷所◆そうめいコミュニケーションプリンティング

ISBN978-4-8185-1910-7 C2034